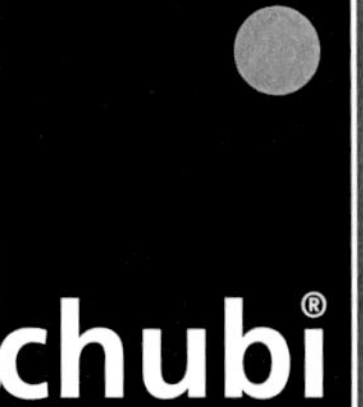

estermann

Vers & Form

5–7 Jahre

Rhythmisches Zeichnen

Susanne Hertig
Illustrationen: Thilo Pustlauk

Kopierrecht

CH-8207 Schaffhausen
service@schubi.com
www.schubi.com

6. Auflage 2023

ISBN 978-3-86723-144-2

No 151 45

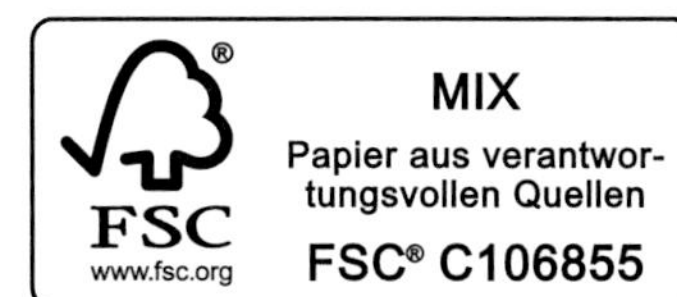

Vorwort

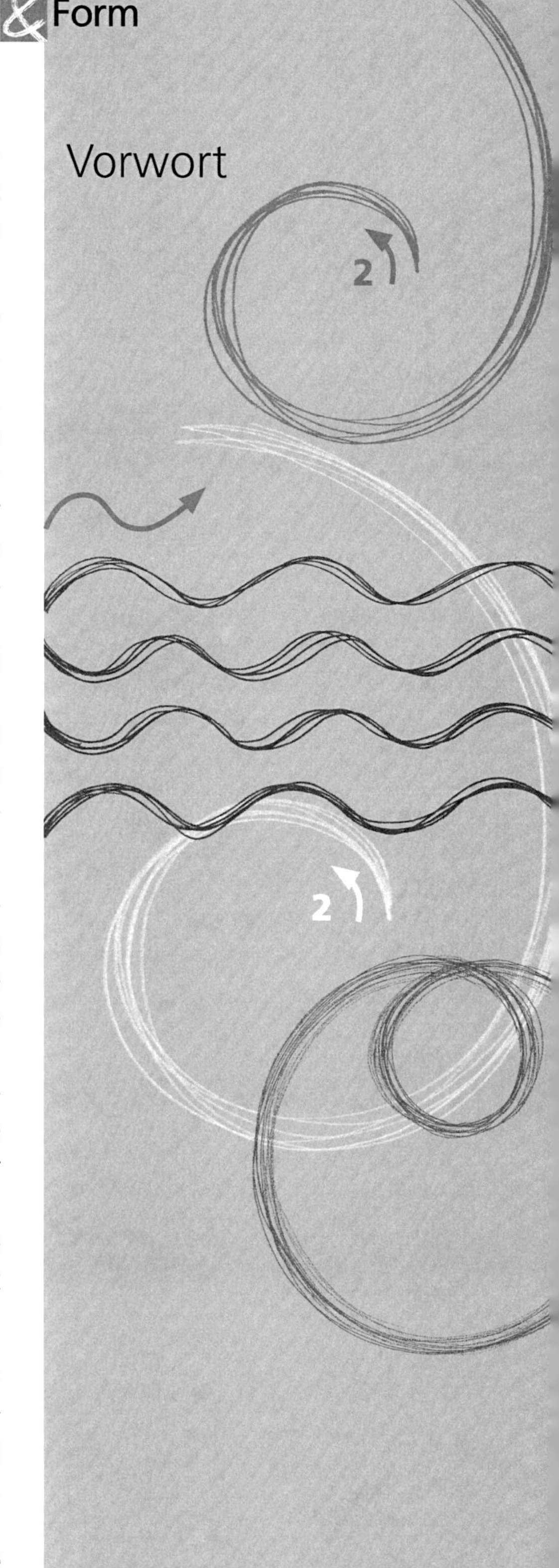

Die rhythmische Verbindung von Vers und Form, das Sprechzeichnen, ist eine lustvolle und schwungvolle Ergänzung in der Arbeit mit Kindern, eine spielerische Ergänzung, die auch noch großen Lernwert mit sich bringt.

Zu einem Vers wird gleichzeitig eine Form, zum Beispiel ein Kreis oder ein Dreieck, groß und schwungvoll gemalt. Dies fördert das Rhythmusgefühl des Kindes und die Koordination von Sprache und Bewegung. Der Schwung des Zeichnens gibt Halt und lässt die Sprache fließen. Die Sprache wiederum hält die Form in Bewegung, sodass eine sich ergänzende Wechselwirkung entsteht. Das Sprechzeichnen wird auch in der Logopädie mit Erfolg eingesetzt: Stotterer erhalten durch das Fließen der Form Unterstützung im Redefluss, Polterer einen klaren Ablauf, Dysgrammatikern dient die Form des Zeichens als Hilfe zur Satzform.
Zudem schult das Sprechzeichnen die Koordination von Auge und Hand und ist eine wirkungsvolle grafomotorische Grundübung.
Die Verse in diesem Band dienen als Anregung. Sie entsprechen dem Erlebnisbereich der Kinder oder der jeweiligen Jahreszeit und können unabhängig vom Unterrichtsthema auch zwischendurch eingesetzt werden.

Zu Beginn empfiehlt es sich, Vers und Form getrennt einzuüben. Dafür gibt es eine Reihe von Vorschlägen, die beliebig erweitert werden können. Anfangs kann man die Form zur Verbindung mit der Sprache vorgeben, damit das Kind den Schwung erlebt. Dafür stehen jeweils die Vorlagen auf den Rückseiten der Blätter zur Verfügung.
Auf Großzügigkeit ist zu achten, wobei zu bedenken ist, dass der Zeichnungsradius des Kindes kleiner ist als der des Erwachsenen: Ideal ist die Größe vom Bauch bis zum Kopf, beispielsweise an der Wandtafel oder auf einem A3- oder A2-Blatt.
Wird ein Vers zum ersten Mal gezeichnet, braucht manches Kind eine Starthilfe in Form von Mitsprechen, Vorsprechen oder Führen. So stellt sich Sicherheit und Schwung ein.

Runde und eckige Formen vermitteln andere Grundbefindlichkeiten: Während das Runde Fließendes, Fortwährendes, aufs Zentrum Bezogenes anklingen lässt, setzt das Eckige Akzente, grenzt ab, betont Anfang und Ende. Kinder sprechen unterschiedlich auf verschiedene Formen an. Benutzen Sie deshalb runde wie eckige Formen.
Wichtig ist auch, auf die (Links-)Händigkeit der Kinder zu achten. Die Schwungrichtung zu wechseln, kann belebend wirken. Manche Formen eignen sich auch fürs symmetrische, beidhändige Zeichnen. In den Beispielen finden sich bei den Versen und Zeichnungen die gleichen Zahlen. Diese Angaben können als Hilfe dienen.

Nicht alle empfinden den Zeichnungsrhythmus aber genau gleich, manchmal sind mehrere oder andere Möglichkeiten denkbar. Die Verse können nach Lust und Laune variiert werden, vielleicht finden sich Melodien dazu oder es lassen sich neue, zum Thema passende Verse dichten.

Susanne Hertig

In leicht veränderter Form ist dieser Text und sind ein paar der Vorlagen dieses Bandes bereits in der Zeitschrift „4 bis 8" erschienen.

Inhalt

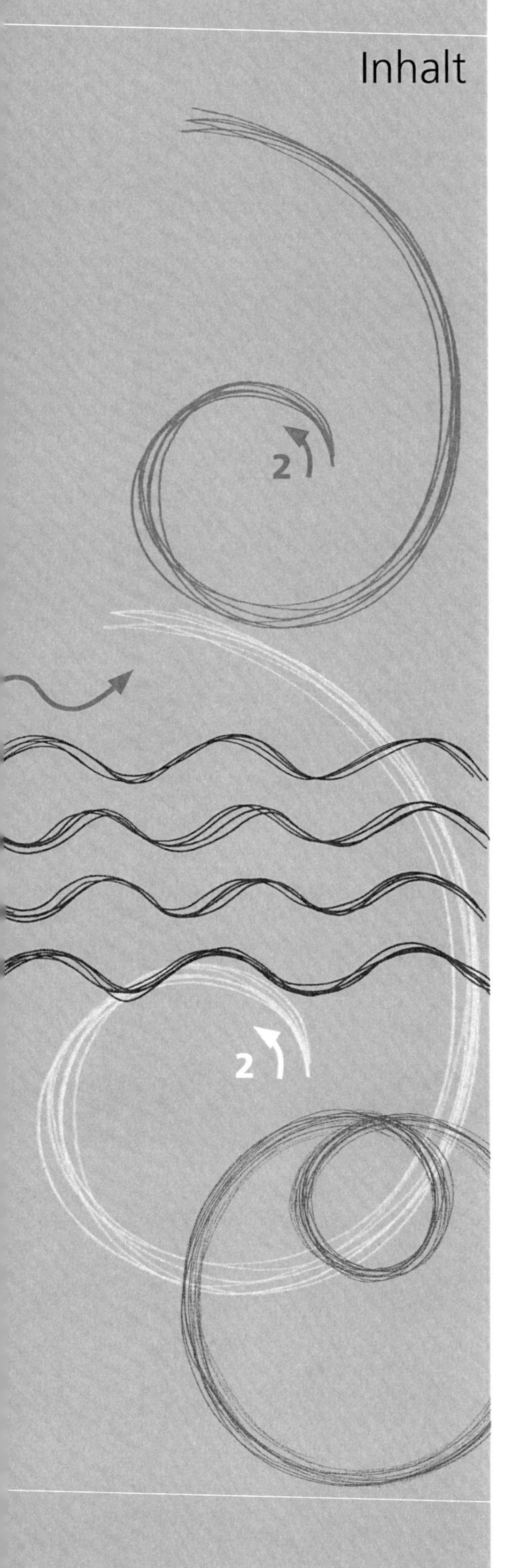

Die Wirkung des rhythmischen Zeichnens allgemein

1.
Die Wirkung des rhythmischen Zeichnens

Während des Sprechzeichnens werden Sprache und Sprechen unmittelbar geübt. Viele Teilbereiche werden gleichzeitig gefördert, wie die folgende Zusammenstellung über die Wirkung des Sprechzeichnens zeigt. Wenn wir davon ausgehen, dass die Sprache Ausdruck der Gesamtbefindlichkeit eines Menschen ist, finden wir im Sprechzeichnen eine geeignete, schöne Form, das Kind in seiner Ganzheit anzusprechen und seine Sprache auch von innen heraus positiv zu beeinflussen.
Das konzentrierte Mitgehen der Lehrkraft ist dabei aber unerlässlich! Es ist das innere Begleiten durch die Lehrerin, den Lehrer, das die Konzentrationsfähigkeit des Kindes stärkt und bewirkt, dass sich das Kind in seinem Tun gestützt fühlt.

Die Wirkungen des Sprechzeichnens zeigen sich zusammengefasst wie folgt:

- Die Atmung wird vertieft und rhythmisiert.
- Ein Körpergefühl für Haltung und Strichführung wird entwickelt.
- Störungen im Redefluss treten während des Sprechzeichnens nicht auf.
- Das Sprechen in Sinneinheiten und Atembögen wird gefördert.
- Durch die Übungen differenziert sich immer mehr der Bewegungsablauf von Arm, Handgelenk und Fingern.
- Betonte Rechts- und Linkshändigkeit wird durch bilaterales Zeichnen der Formen zur Beidhändigkeit geführt.
- Die Konzentrationsfähigkeit wird verbessert.
- Das Nachzeichnen von Symbolen erzeugt ordnende Wirkungen im seelischen Bereich.

Atmung

Die Atmung wird vertieft und rhythmisiert. Schon die Haltung, die das Kind zum rhythmischen Zeichnen einnimmt, fördert eine tiefere, ruhigere Atmung. Sprechzeichnen bedeutet Anregung der motorischen und rhythmischen Energie, was das vegetative Nervensystem unmittelbar so beeinflusst, dass eine tiefere Atmung erfolgt. Wird das Kind so angeleitet, dass es große, öffnende Bewegungen ausführt, wird der Brustkorb rhythmisch geweitet, sodass sich die Atembewegung mit der Motorik des Hebens und Senkens verbindet.

Körpergefühl für Haltung

Ein Körpergefühl für Haltung wird entwickelt. Durch die rhythmisch schwungvolle Arbeit werden Verkrampfungen nach und nach gelockert, der Muskeltonus normalisiert sich und das Kind richtet sich auf. Gleichzeitig erlebt das Kind die Großzügigkeit der Formen, es lernt den Raum in Anspruch zu nehmen und auszufüllen, sich zu getrauen. Das befreiende Wegschwingen vom Körper lässt Weite erfahren und trägt zu einem neuen Körperbewusstsein bei. Dieses erweiterte Körperbewusstsein überträgt sich auch positiv auf den seelischen Bereich.

Redefluss

Störungen im Redefluss treten während des Sprechzeichnens weniger auf. Mit der aktiven Körperbewegung wird die Aufmerksamkeit ganz auf das Zeichen gelenkt, es ist, als ob die Sprache nur noch „herausfließen" könnte – nicht in einen leeren, unbestimmten Raum hinein, sondern in die feste, geordnete, sichere Bahn des rhythmischen Zeichnens. Diese Sicherheit kann dem Kind eine große Hilfe bedeuten.

Sprechen in Sinneinheiten

Das Sprechen in Sinneinheiten und Atembögen wird gefördert. Rhythmisches Zeichnen verlangt Koordination von Körperbewegung und Sprache. Wird die Fähigkeit dazu erlernt, hilft immer mehr das eine dem anderen, den Rhythmus zu behalten. Rhythmisches Wiederholen der Sinneinheiten ist eine mögliche Form, mit Dysgrammatikern bestimmte Sprechabläufe einzuüben, wenn die Gesetzmäßigkeit erfasst ist.

Bewegungsablauf

Durch die Übungen differenziert sich immer mehr der Bewegungsablauf von Arm, Handgelenk und Fingern. Auch die Koordination von Auge und Hand wird gefördert. Die rhythmischen Bewegungen sind eine sehr gute Übung zur Grafomotorik. So ist Sprechzeichnen auch eine gute Möglichkeit, Lautbildungsübungen mit grafomotorischem Training zu verbinden.

Beidhändigkeit

Betonte Rechts- und Linkshändigkeit wird durch bilaterales Zeichnen der Formen zur Beidhändigkeit geführt. Durch die Angleichung der beiden Körperseiten wird die Möglichkeit gegeben, die „innere Mitte" zu spüren, die Senkrechte in einem selbst. Zum bilateralen Zeichnen finden sich im folgenden Kapitel weitere Ausführungen.

Konzentrationsfähigkeit

Konzentrationsfähigkeit wird verbessert. Obwohl das Sprechzeichnen in der Koordination von Zeichen und Sprache hohe Anforderungen an die Konzentration stellt, wird es dem Kind durch die lustvolle, rhythmische Betätigung erleichtert, bei der Sache zu bleiben.

Ordnende Wirkung im seelischen Bereich

Das Nachzeichnen von Symbolen erzeugt ordnende Wirkungen im seelischen Bereich. Das Sichvertiefen in den Fluss einer Figur ist nicht nur ein rhythmisch-motorischer Vorgang, sondern auch ein seelisches Erlebnis. Schon eine einfache Strichserie birgt verschiedenste psychische Inhalte: Wo ist der Anfang, wo ist das Ende? Wie setze ich die Anfangs- und die Schlusspunkte? Was erlebe ich in der rhythmischen Reihung? Ist es wohltuend oder empfinde ich es als langweilig? Fühle ich mich wohl mit runden, fließenden Zeichen? Entsprechen eckige, strukturierte Zeichen mehr meiner Befindlichkeit?

Die Wirkung des bilateralen Sprechzeichnens

Nachfolgende Textauszüge von W. Grözinger und H. Kükelhaus haben bis heute nichts von ihrer Gültigkeit eingebüßt:

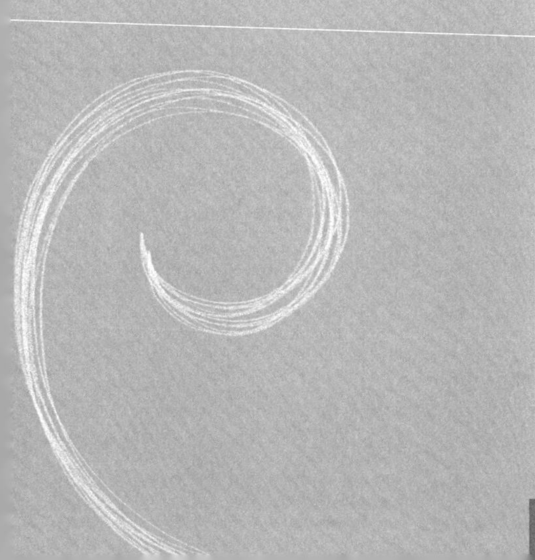

„Es ist nicht Sinn des Zweihandzeichnens, die Spezialisierung der Hände wieder rückgängig zu machen. Vielmehr soll sie erst in dem Augenblick, in dem die Arbeitsteilung der Hände sich in Verbindung mit der Sprachentwicklung eindeutig vollzogen hat, gewisse ungünstige Folgen einer zu weitgehenden Einhändigkeit verhindern. Die Befreiung des elementaren Raumgefühls kann nämlich nur geschehen, wenn der ursprüngliche bilaterale Kern des Raumempfindens – der Mensch ist aus einer Zellteilung entstanden! – wieder durchbrechen kann."

„Zweihändig Zeichnende haben ein kräftigeres Raumgefühl als andere, was sich auch zeigt, wenn sie einhändig arbeiten. Ferner hat die volle Tätigkeit der Anschauung unter Beteiligung des ganzen Körpers günstige seelische Folgen für das Kind. Es ist besser in sich abgestimmt, lockert sich, wird harmonischer und lebt freudiger und sicherer aus seinem inneren Kern. Es wirkt zentriert und abgeschirmt gegen störende Einflüsse."

Wolfgang Grözinger

„Die Faszination, die von dem Anblick einer so einfachen Erscheinung wie der zwiefältigen (bilateralen) Symmetrie ausgeht, hat ihren Grund darin, dass sie zur Resonanz bringt, was in den Frühschichten des Entwicklungsgedächtnisses auf Erinnerung wartet: durch Rückbesinnung auf das als Muster kodifizierte Geschehen der ersten Schritte, die von eins bis zwei, von zwei zu zweimalzwei, von zweimalzwei zu ..., also zur Zellsymmetrisierung führen, durch die sich der vielzellige Organismus aufbaut.

Alles, so auch die Fähigkeit 'polar' zu fühlen, zu denken, zu erkennen, zu handeln, sich zu verhalten, beruht auf seiner geweblichen, anatomischen Verankerung in den Anfangsschichten der Entwicklung vom Ei zum Embryo. Das Grundsätzliche, das Gesetzhafte der einfachen bilateralen Symmetrie liegt darin, dass die Zwiefältigkeit der Einheit, die nicht deren Doppelung ist, als Rechts-Links-Spiegelsymmetrie aus der Entgegensetzung des Einen und Einzigen gegen sich selbst hervorgeht."

„Steigen bezieht sich auf Fallen. Licht bezieht sich auf Nicht-Licht. Weit auf Nah. Der Berg auf Tal. Dehnung auf Engung. Wärme auf Kälte. Der Teil aufs Ganze. Links auf Rechts. Ein Nur-Links ist nicht denkbar. Man muss das ausführen, sogleich mit eigenen Händen, muss es danach betrachten. Aus Papier stellen wir eine einfache Rechts-Links-Symmetrie her (eine Entgegensetzung des Gleichen – der Ausdruck stammt von Froebel): durch einmaliges Falten. Es ist ein Kindergartenspiel. Wir reißen oder schneiden eine Seite beliebig ein und falten das Papier danach wieder auseinander. Sogleich sehen wir, dass das Rechts und das Links zusammen mehr und anders ist als zweimal dasselbe.

Wir stellen uns nunmehr aufrecht hin und vollführen mit beiden Armen irgendwelche Bewegungen in der Luft, wobei der eine Arm dem anderen folgt. Mit dem Ergebnis dass die Armbewegungen spiegelbildliche Figuren beschreiben. Leonardo da Vinci empfahl, solche Figuren mannshoch auf eine Wand zu schreiben. Die entstehenden Figuren sind Ausdruck unserer jeweiligen Verfassung und Stimmung. Sie haben die Bedeutung und auch die Wirkung einer Selbstbeobachtung. Man sollte es als ein Spiel mit Kindern betreiben."

„Was hier am Skelett-Muskel-System geschieht unter Steuerung des Vegetativen sowohl während der Ausführung als auch der sehenden Betrachtung, ist angelegt als erster Schritt der Keimentwicklung: in der Zellsymmetrisierung (fälschlich Zellteilung genannt). So ist solche Armbewegung, zumal wenn sie sich zeichnend oder schreibend manifestiert, eine Rückkoppelung auf das im Entwicklungsgedächtnis verankerte und eingeschlüsselte (kodifizierte) Steuermuster des Leib-Körper-Aufbaus ... oder der Leib-Körper-Gestaltung."

Hugo Kükelhaus

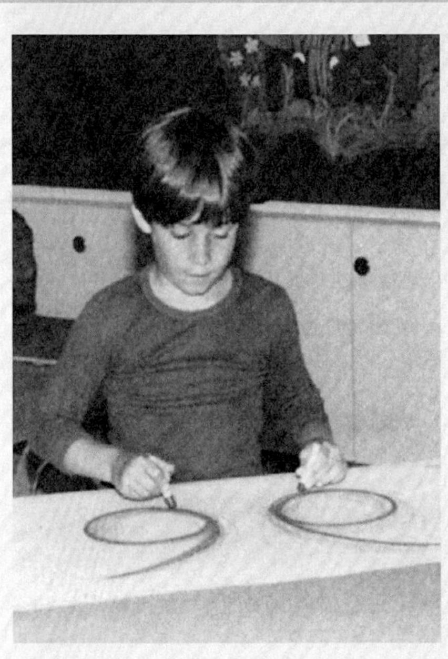

Beidhändiges Zeichnen einer runden Form

2. Methodische Hinweise zum rhythmischen Zeichnen

Allgemeine methodische Hinweise

Das Material

Rhythmisches Zeichnen ist möglich:

- an der Wandtafel mit Kreide oder mit dem nassen Schwamm,
- als Kleisterpapierarbeit,
- an Fensterscheiben mit Fingerfarben,
- auf Papier, an der Wand oder auf dem Tisch,
- mit dem Finger im Sand,
- in nassem Lehm.

Material

Das Papier können wir nicht nur an der Wand, sondern auch am Tisch mit Klammern oder Klebestreifen befestigen. Je nachdem, ob wir ein Kind etwas bremsen oder ihm erst einmal zum Schwungerlebnis verhelfen wollen, wählen wir leicht oder schwer gleitendes Material. Leicht gleitend ist zum Beispiel die Herstellung vom Kleisterpapier – eine besondere Art von rhythmischem Zeichnen. Viel Widerstand bietet das Zeichnen mit Ölkreide auf rauem Papier. Dabei achten wir stets auf die gute Handhabung des Stiftes. Eine Möglichkeit besteht in der Bleistifthaltung bei Farb- und Fitzstiften. Wenn wir mit Kreide zeichnen, ist es besser, die kurze Kreide mit Daumen, Zeige- und Mittelfinger zu halten. So vermeiden wir ein Steckenbleiben, Quietschen, Hüpfen oder Brechen.

Körpergefühl

Körpergefühl und Haltung

An der Wandtafel soll das Kind breit auf beiden Beinen stehen, ohne Abknicken des Körpers auf einer Seite. Die Knie sollen nicht ganz durchgestreckt sein, eine Hohlkreuzhaltung korrigieren wir eventuell. Die Distanz zur Malfläche soll so sein, dass mit leicht gebogenen Armen gezeichnet werden kann. Tanz bedingt Distanz. Um rhythmisch-tanzend zu zeichnen, braucht das Kind etwas Distanz! Wir versuchen das Kind immer mehr zum Zeichnen aus dem ganzen Körper heraus zu führen, sodass es das Zeichnen in sich fühlen kann.
Die Sitzhaltung beim Sprechzeichnen entspricht der Schreibhaltung.

Zeichen

Zu den Zeichen

Am Anfang des rhythmischen Zeichnens wählen wir runde, einfache, klare Formen, die ein müheloses Fließen ermöglichen.
Später, wenn das Kind bereits locker ist, werden als Ausgleich auch eckige Formen gezeichnet. Dabei muss darauf geachtet werden, dass nun die Ecken wirklich als solche erlebt werden und nicht etwa abgerundet überfahren werden. Hier soll das Kind auch ganz bewusst Strichanfang und Strichende erleben und damit das Bewusstsein der Verbindlichkeit. Ecken in einer Form bedeuten auch Akzentuierung, was in Verbindung mit dem Sprechen hilfreich sein kann. Außer bei sehr geübten Kindern zeichnen wir die Form vor. Dabei achten wir darauf, dass sie das Kind nicht von der Größe her überfordert, doch soll sie möglichst groß-zügig sein. Ideal ist ein Zeichenfeld von Bauchhöhe bis über den Kopf des Kindes, denn wenn wir die ganze Armspannweite einsetzen, erschweren wir dadurch wiederum das Distanzhalten.

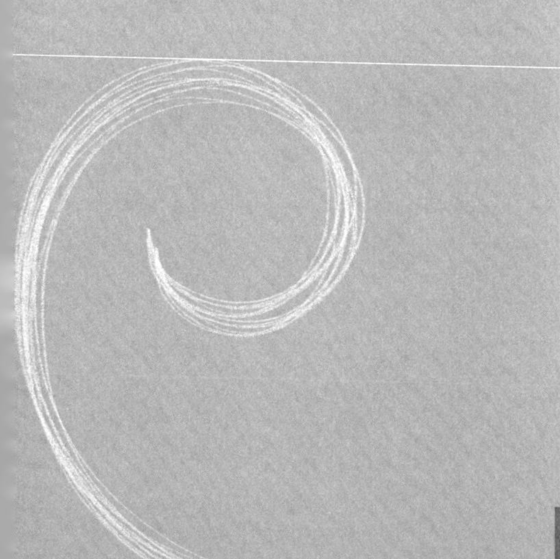

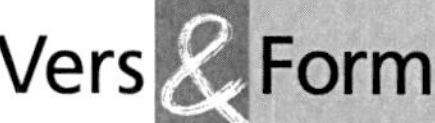

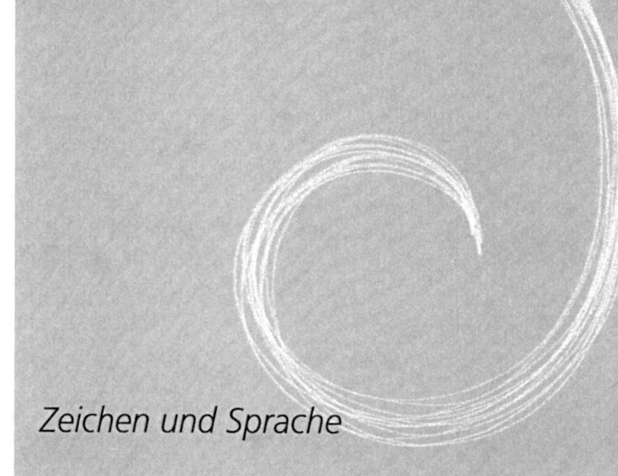

Wo nichts anderes vorgegeben ist, beginnen wir mit Zeichnen und Sprechen oben in der Figur, da die Aufwärtsbewegung zum Anfangspunkt auch gleich das Einatmen beinhaltet. Wo es möglich ist, achten wir darauf, dass das Kind die Form links- und rechtsherum, ein- und auswärts ausführt, weil der Bogen vom Körper her aus- und aufwärts andere seelische Komponenten enthält als der Bogen aus- und abwärts.

Zeichen und Sprache

Zur Verbindung von Zeichen und Sprache

Bis wir Vers und Form verbinden können, braucht das Kind in beidem genügend Sicherheit. Zuerst soll es Bewegung und Rhythmik des Zeichens erfahren, erst später kommt der Vers dazu. Während des Verbindens können wir das Kind an der Hand führen, mitsprechen oder parallel dazu sprechen und malen, bis das Kind den Rhythmus selbst erfasst hat. Wir achten auch auf sinngemäße Atmung.

Es empfiehlt sich, dass die Lehrerin, der Lehrer vorher das Zeichen in Verbindung mit dem Vers kurz einübt, damit während der Übung die volle Konzentration auf das Kind möglich ist.

Natürlich können wir auch Lieder zu den Zeichen singen, die Verse durch selbst erfundene Silbenreihen oder Namen ersetzen, mit Dysgrammatikern Mustersätze sprechen … Wo ein Kind eigene Ideen hat, ist dies nur zu begrüßen.

Zur Abwechslung lässt sich die Sprechweise variieren: laut – leise, schnell – langsam, hoch – tief …, oder wir erfinden selbst Melodien dazu.

Ausführung

Zur Ausführung

Das rhythmische Zeichnen erfordert Rhythmusgefühl und Kontinuität, Konzentration und Disziplin. Die Konzentration und das innere Mitgehen der Lehrperson spielen dabei eine wesentliche Rolle, auch das entsprechende Hintergrundwissen trägt zur Klarheit und Tiefe der Übung bei. Wo ein Kind wahllos und gedankenlos über ein Zeichen fährt, ist es besser, die Übung abzubrechen.

Die Einführung ins Sprechzeichnen erfordert ganze Lektionen. Später kann man immer wieder zwischendurch an einem Zeichen arbeiten. Wichtig ist dabei der Ablauf, die Bewegung, nicht das Zeichen an sich. Das fortgeschrittene Kind wird auch ab und zu mit geschlossenen Augen, nur vom Körpergefühl her arbeiten. Die Fähigkeit, das Zeichen zu erfassen und auch alleine zu zeichnen, entwickelt sich nebenher von selbst.

Wichtig ist es, dem Kind Gelegenheit zu geben sich in ein Zeichen einzufühlen und sich später auch wieder davon zu lösen. Den vorbereitenden Übungen und dem spielerischen Weiterführen und Ausklingenlassen sind deshalb eigene Kapitel gewidmet.

Ausklingenlassen

Ausklingenlassen

Zum Abschluss der Übung können die Kinder aus den gezeichneten Formen eigene einfache Figuren machen. Eine weitere Möglichkeit, die Arbeit ausklingen zu lassen, besteht darin, aus den Formen gemeinsam Spiele zu entwickeln (Anregungen dazu in Kap. 4, ab Seite 101).

Vorbereitende Übungen mit dem Kind

Rhythmisches Zeichnen hängt sehr stark mit Bewegung und einem gesunden Körpergefühl zusammen. Waltraut Seyd formuliert dies in „Sprache und Bewegung" so: „Zusammenfassend sei festgestellt, dass Pendeln, Rollen einer Kugel auf dem Teller, Schaukeln und Schwingen, Seilspringen und Stelzenlaufen gleiche therapeutische Wirkungen wie das Sprechzeichnen in sich bergen, da das Entwickeln eines Körpergefühls auch ein wesentliches Anliegen des Sprechzeichnens ist."
Also ist es von Vorteil, ein Zeichen erst einmal über den Körper einzuführen.

Hier einige Beispiele als Anregung:

Übungsbeispiele

- Die meisten Figuren lassen sich wunderbar im Schnee laufen.
- Wir laufen, schleichen, kriechen eine Acht. (∞)
- Wir legen mit Seilen die Figur am Boden, balancieren darüber, verändern die Form, sodass das Kind sie nun selbstständig neu legen kann.
- Wir können auch eine einfache Form am Boden laufen und den Vers dazu bereits hier sprechen.
- Seidenbänder, Tücher, eine Taschenlampe im Dunkeln regen das Kind zum Schwingen an. Später kann es auch ohne Material eine Figur in die Luft zeichnen.
- In der Umwelt suchen wir nach entsprechenden Bewegungen: Das Uhrpendel – wir pendeln selbst, schwingen hin und her auf der Schaukel.
- Wir fassen uns an der Hand und drehen uns im Kreis.

Dem bilateralen Zeichnen können Übungen zum Verständnis der Symmetrie und Körperübungen zum Finden des inneren Gleichgewichtes und der inneren Senkrechten vorausgehen.

Symmetrie-Übungen

- falten und reißen
- Klecks-Faltbilder machen
- Symmetrieerscheinungen in der Umwelt suchen

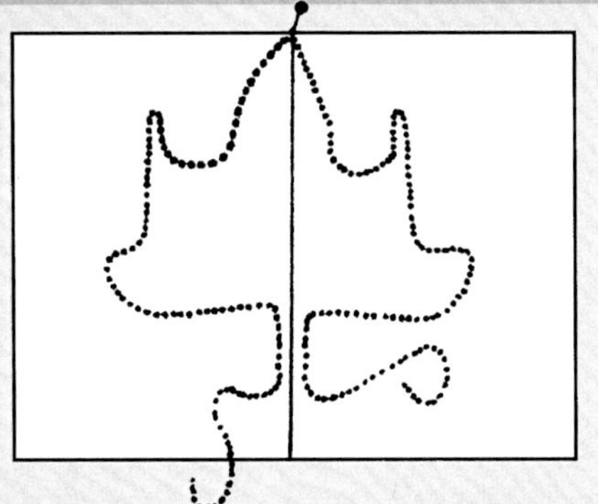

Figuren auf der Tuchtafel

Folgende Übung hat sich als Vorbereitung zum bilateralen Sprechzeichnen besonders bewährt: Auf der liegenden Tuchtafel wird die halbierende Senkrechte bezeichnet und oben werden zwei lange feine Ketten angebracht. Nun kann das Kind mit bilateralen Bewegungen Figuren auf der Tuchtafel legen.

Motorische Übungen zur Beidhändigkeit

- Zeitung zerknüllen
- Bälle werfen
- Bauklötze aufladen
- Knöpfe „picken"
- Klatsch- und Fadenspiele

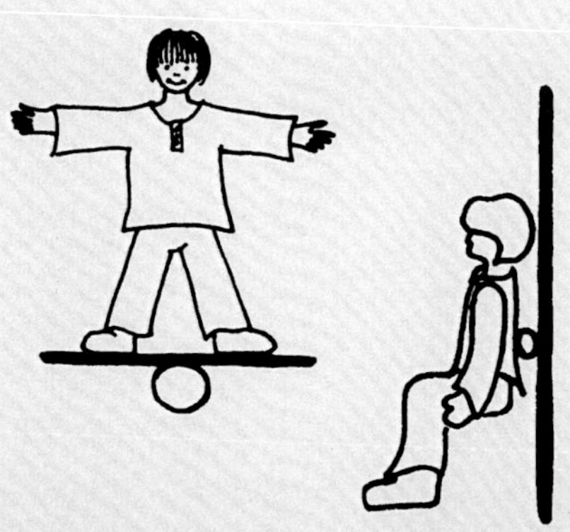

Kunststücke sind bei den Kindern sehr beliebt: beidhändig Kugeln im Teller rollen, ein Buch auf dem Kopf tragen, einen Tennisball dem Rückgrat nach an der Wand auf- und abrollen, mit zwei Bällen jonglieren, auf einer Rolle balancieren …

Alle diese Kunststücke können nur vollbracht werden, wenn man „mit beiden Beinen auf dem Boden steht", die innere Mitte, den Schwerpunkt in sich spüren kann. „Hier, das bin ich!" klingt in mir bei solchen Übungen an.
Körperlich ins Gleichgewicht zu kommen, hat wiederum seelische Auswirkungen, die sich unmittelbar auf die Grundbefindlichkeit und auf Sprache und Sprechen übertragen.

Anregungen zur Beobachtung beim rhythmischen Zeichnen

Beobachtungen

- Steht das Kind gerade, fest auf beiden Beinen?
- Sitzt es aufrecht in guter Haltung?
- Ist das Kind locker oder verkrampft?
- Atmet es ruhig?
- Ist es Links- oder Rechtshänder?
- Was macht die unbeschäftigte Hand?
- Wird das Kind während des rhythmischen Zeichnens eher ruhiger oder eher aktiver?
- Entwickelt es ein Gefühl für den Rhythmus?
- Wie ist die Augen-Hand-Koordination? Schweift das Kind mit den Augen ab?
- Wie stark braucht es die Augen-Kontrolle? (Versuch: blind zeichnen)
- Wie koordiniert es die Bewegungen beim bilateralen Zeichnen?
- Wie ist die Intensität und Kontinuität während des Sprechzeichnens?
- Zeigt das Kind Ausdauer? Ermüdet es rasch? (Siehe auch Waltraut Seyd: Sprache und Bewegung)
- Zeichnet das Kind spontan, bestimmt, vorsichtig, ängstlich?
- Ist das Tempo auffallend schnell oder langsam?
- Wird die Form gefühlt, vom Körper her gezeichnet, oder mehr überlegt, vom Kopf her?
- Bevorzugt das Kind eine Richtung, kann es schwer in die andere umschalten?
- Spricht das Kind den ganzen Vers mit? Einzelne Worte? Gar nicht?
- Atmet das Kind nach Sinneinheiten? Schnappt es nach jedem Wort?
- Weicht der Strich öfter stark von der gegebenen Form ab?
- Kann das Kind bei eckigen Zeichen Anfangs- und Endpunkte setzen?
- Entstehen in runden Formen Ecken?
- Ist der Strich weich, gedrückt, zittrig, stockend, fließend, durchgehend, unterbrochen?
- Hat das Kind Freude am rhythmischen Zeichnen?
- Ist das Kind überfordert?
- Kann ein Teil (Sprache oder Zeichen) von der Lehrerin, dem Lehrer übernommen werden?

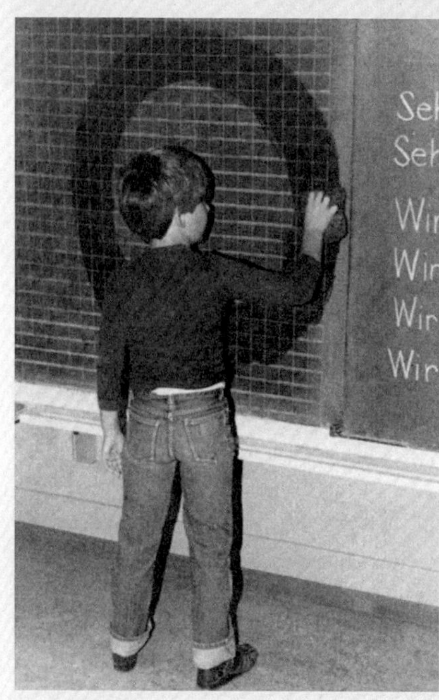

Zeichnen mit dem Tafelschwamm

Sprechzeichnen in Unterricht und Therapie

Hinweise auf Querverbindungen zur weiteren Arbeit

Sprechzeichnen lässt sich in die verschiedensten Therapien, aber auch in den ganz normalen Schulalltag einbauen. Einmal ist es mehr willkommene Ergänzung, ein andermal liegt das Hauptgewicht der Lektion beim Sprechzeichnen selbst. Die Vers-Form-Verbindung (siehe Beispielsammlung im praktischen Teil) findet überall dort Anwendung, wo ohnehin bereits mit Versen und Gedichten gearbeitet wird. Es sei der Fantasie der Lehrerin, des Lehrers überlassen, die Verse thematisch und vom Lernziel her in den Therapie- oder Unterrichtsverlauf zu integrieren.
Zur Lauteinschleifung bei Stammlern können spontan erfundene Verse eingesetzt werden.

Bestimmte Satzgefüge lassen sich auch einmal mit rhythmischen Zeichen üben. Dysgrammatikern ist dies ein äußerer Halt, zum Satzverlauf wird auch der motorische Ablauf eingeprägt. Wer mit Stotterern oder Polterern Ablaufübungen in Form von Reihensätzen macht, findet in den Sprechzeichen eine praktische Hilfe: Stotterern fällt Sprechen in Verbindung mit Zeichnen leichter; Polterer erhalten im Zeichen einen Halt, eine feste Form, aus der sie nicht so leicht ausbrechen können.

Kinder mit Sprach- und Sprechschwierigkeiten haben nicht selten auch grafomotorische Probleme und ein schlecht ausgebildetes Körpergefühl. Mit dem rhythmischen Zeichnen arbeiten wir am einen wie am anderen.

Das Kombinieren von Versen und Zeichen

3.
Praktische Sammlung

Für die Kombination von Vers und Form kann man vom Zeichen ausgehen und dazu Verse finden, oder aber umgekehrt zuerst ein beliebiges Thema in Reime fassen und danach die passende Form dazu suchen. Lustig wird es, wenn sich aus der Form zeichnerische Überraschungseffekte ergeben!

Die Auswahl nachfolgender Verse und zugeordneter Zeichen unterliegt keiner speziellen Systematik. Gerade diese Unverbindlichkeit in der Auswahl jedoch ermöglicht ein spontanes und freudvolles Tun, was Voraussetzung für eine kreative Arbeit ist.

Zeichenübersicht

Die anschließende Zeichenübersicht erleichtert das Auffinden bestimmter Zeichen. Sie soll aber auch einen Eindruck geben von der Vielfalt möglicher Zeichen und so wiederum als Anregung zu neuen Ideen dienen. Wer das Sprechzeichnen entdeckt hat, wird bald selbst neue Beispiele für den aktuellen Bedarf in der Praxis kreieren!
Wer Freude am Singen hat, kann außerdem zu den Versen passende Melodien erfinden.

Koordinationshilfen

Die Zeichen und Verse sind mit kleinen Zahlen versehen als Hilfe zum Einüben des Zeichen- und Sprechrhythmus. Sie sollen jedoch nicht allzu absolut gehandhabt werden, da es verschiedene Zeichen mit mehreren Ausführungsmöglichkeiten gibt und das Rhythmusempfinden nicht zuletzt auch persönlichkeitsabhängig ist.

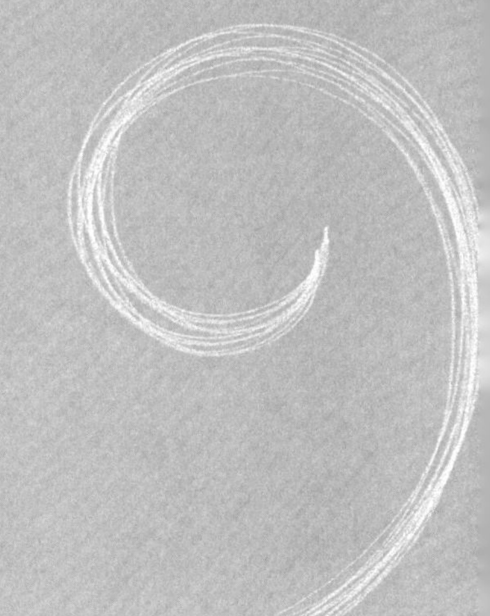

Vorlagensammlung

Die Übungen

Auf der Rückseite jeder Seite mit Versen und Formen befinden sich die Übungen als Kopiervorlagen.

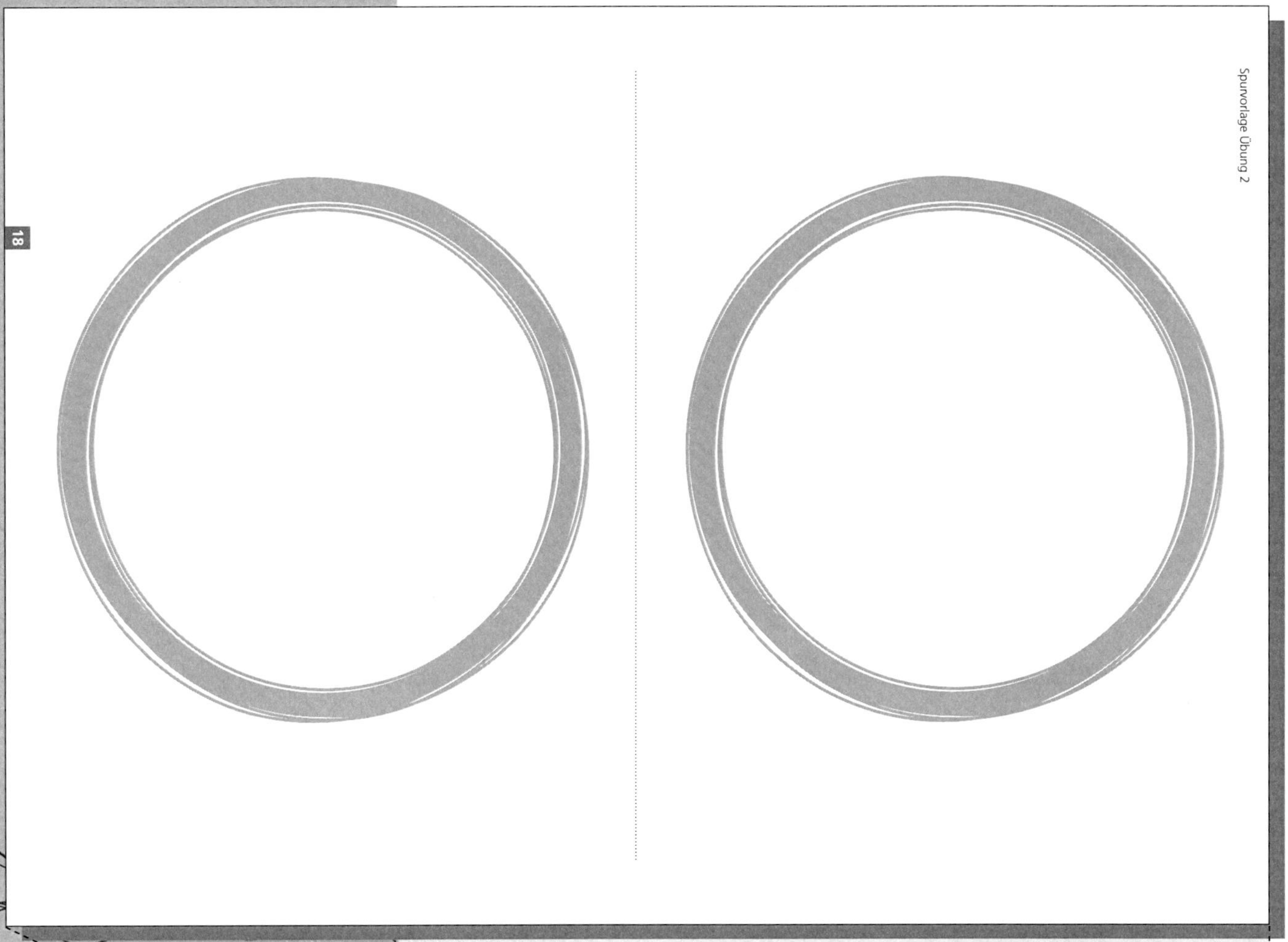

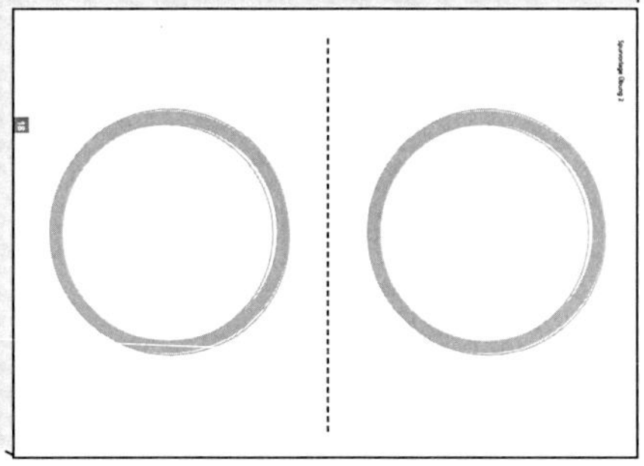

Die Spurvorlagenseite kann auf das Format A3 oder A2 vergrößert werden. So ist beidhändiges Üben möglich, ohne dass zwei separate Blätter fixiert werden müssen. Die vergrößerte Vorlage kann auch auseinandergeschnitten werden und ergibt dann je eine einseitige Vorlage für zwei Kinder.

Mit einer Vergrößerung nur einer Hälfte auf ein A4- oder ein A3-Format haben Sie eine Vorlage zur Verfügung, die das Üben mit einer Hand ermöglicht.

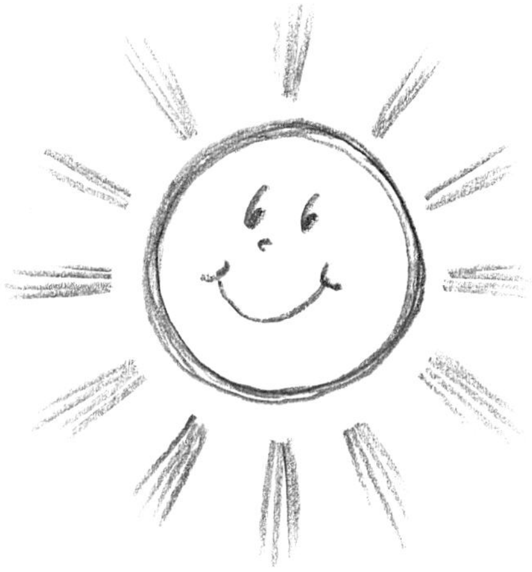

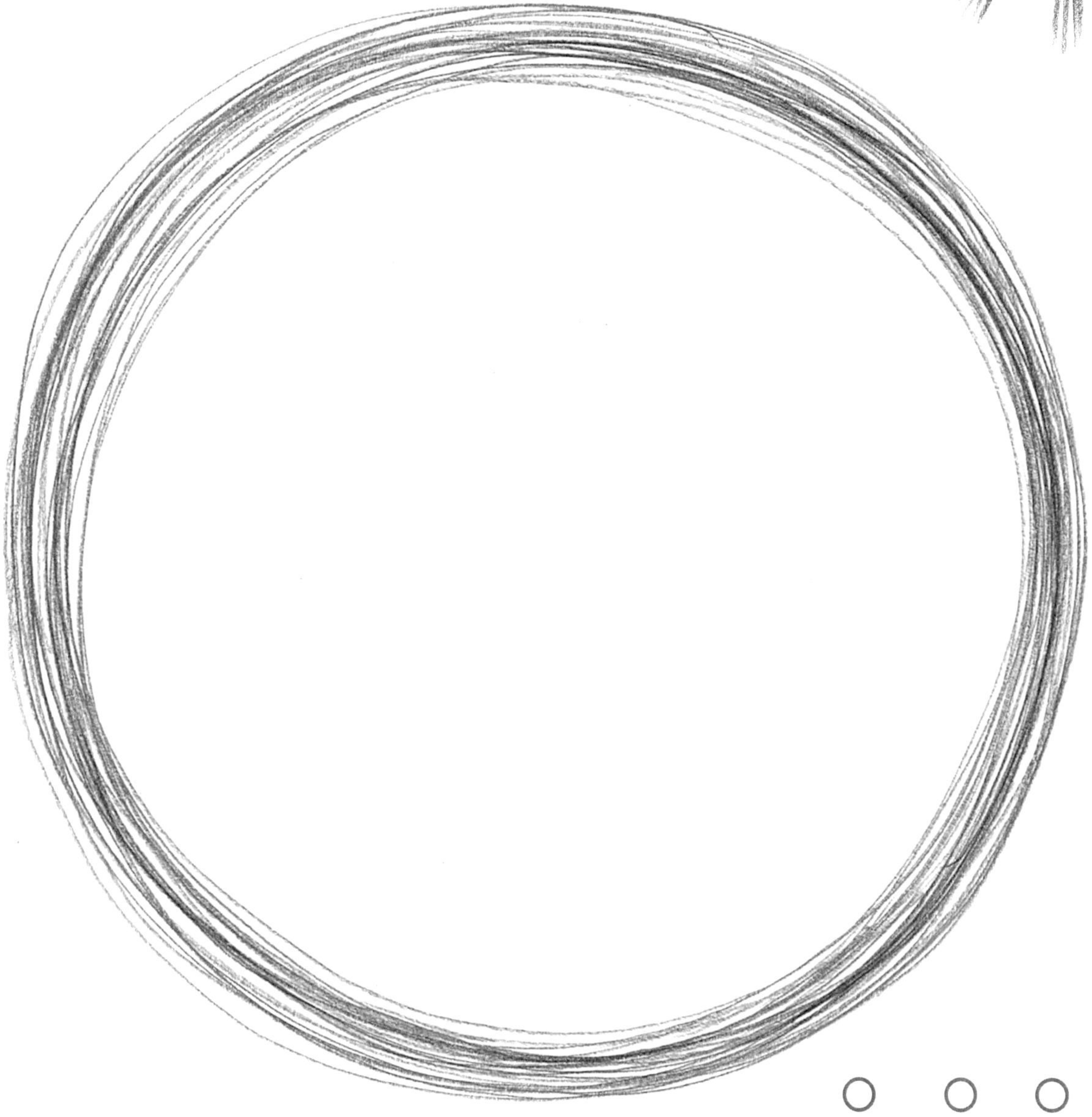

○ ○ ○ ○
Sonne, liebe Sonne,

○ ○ ○ ○
bist da für Reich und Arm

○ ○ ○ ○
Sonne, liebe Sonne,

○ ○ ○ ○
du gibst uns allen warm!

Übung 1 → S. 16, 18

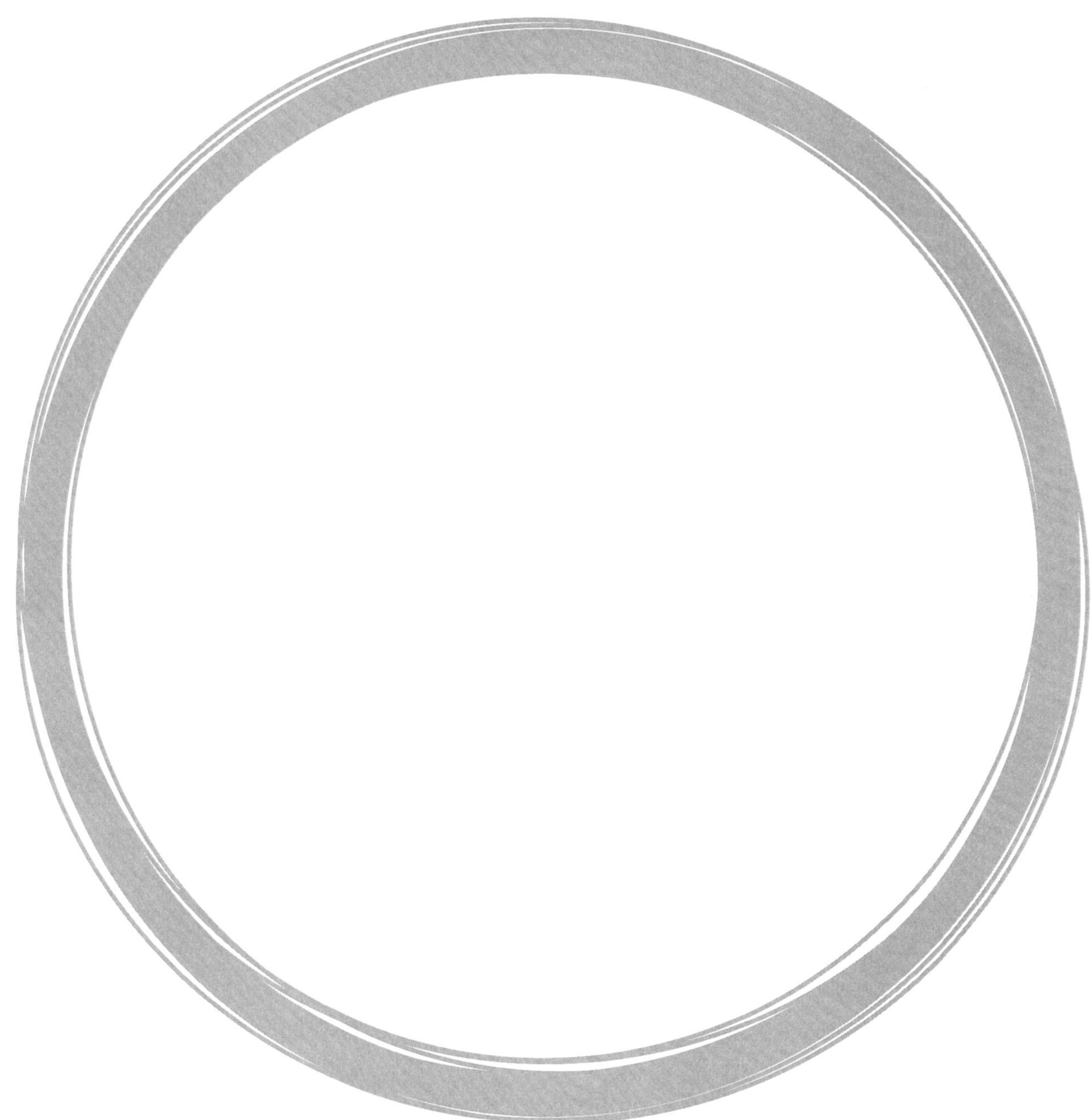

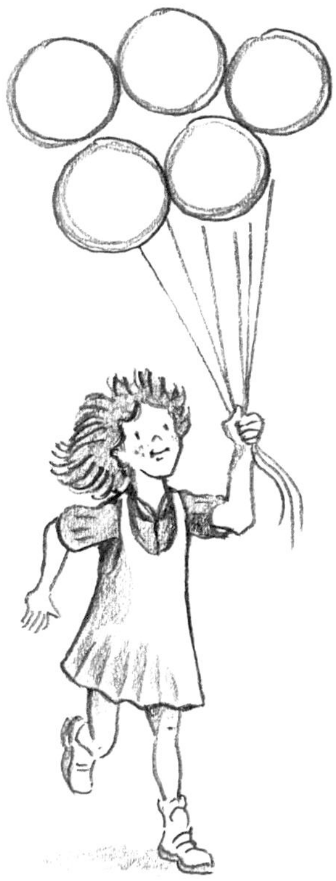

Luftballone, schön und bunt,
groß und rot* und kugelrund!

(*groß und blau, gelb, grün ...)

Auf dem Spielplatz
dreht sich schnell
unser kleines Karussel.
Immer weiter
rum pum pum
fahren wir im Kreis herum.

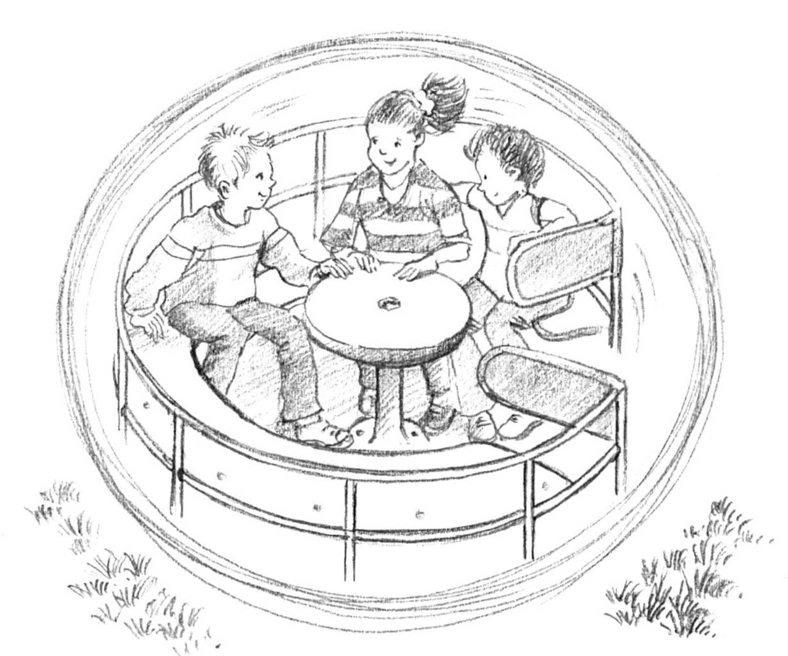

Übung 2 → S. 16, 18

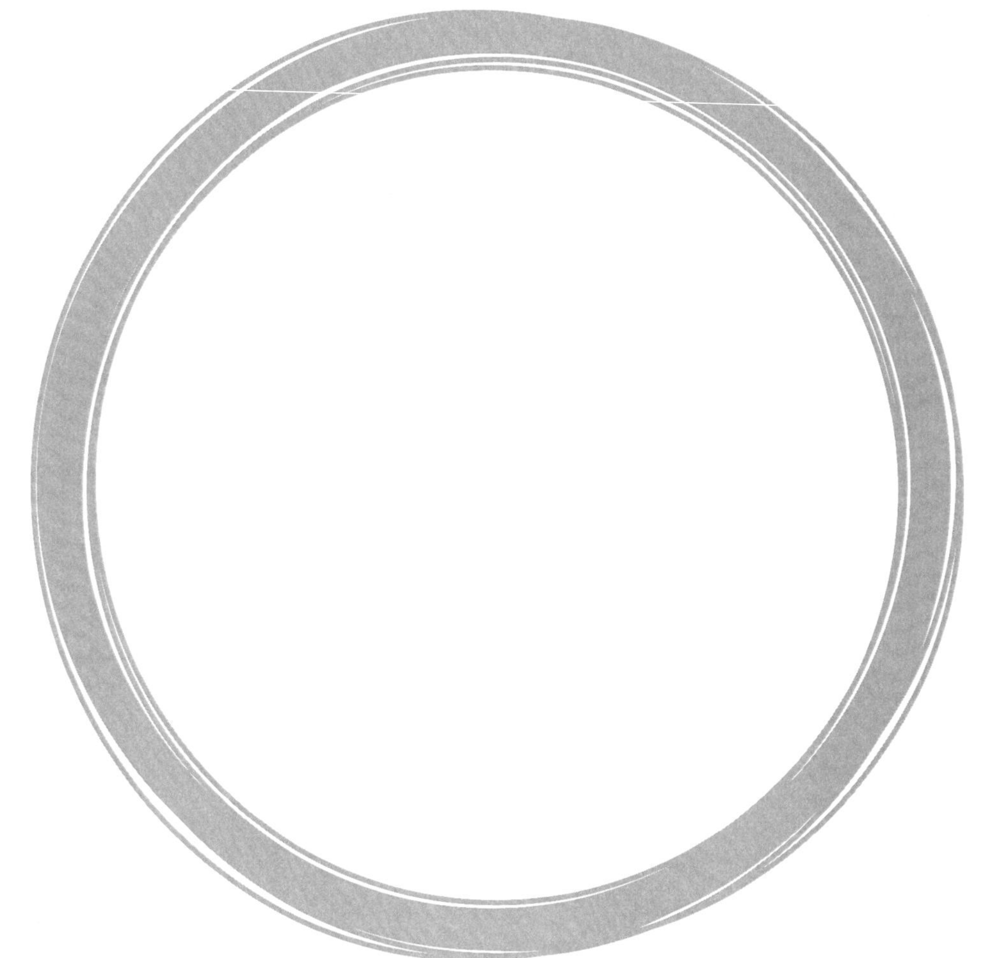

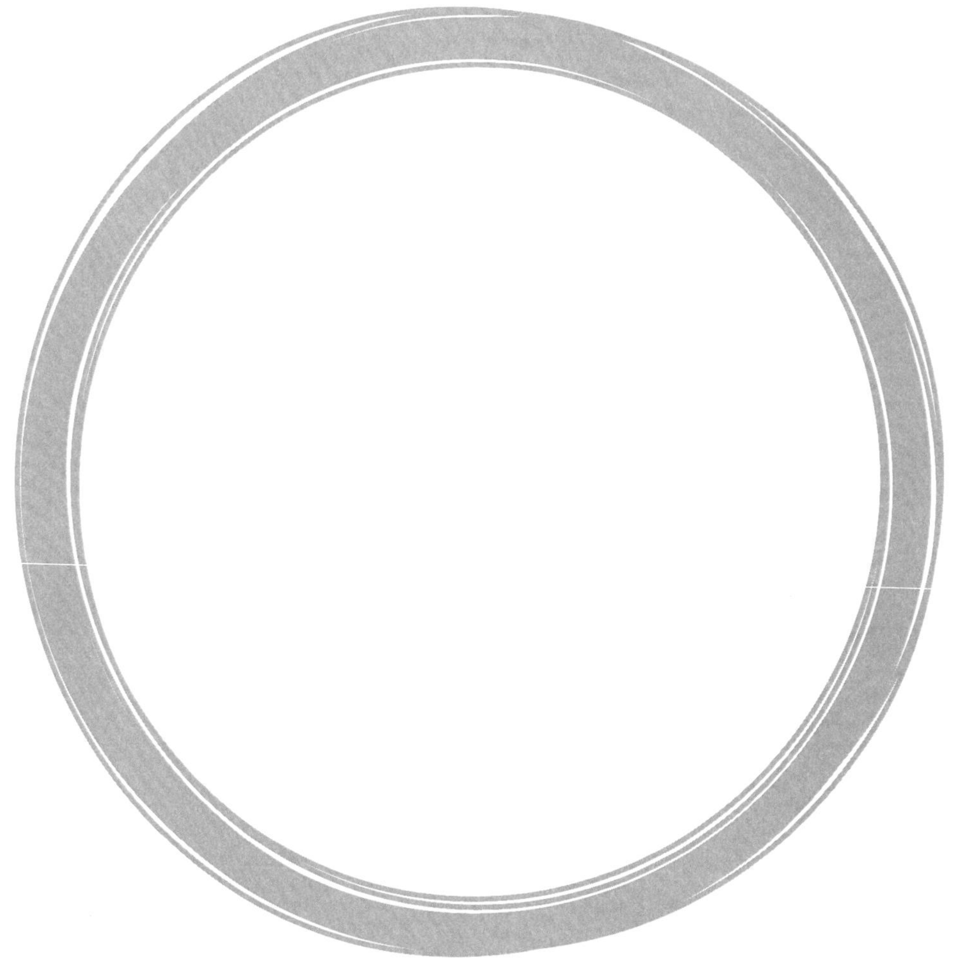

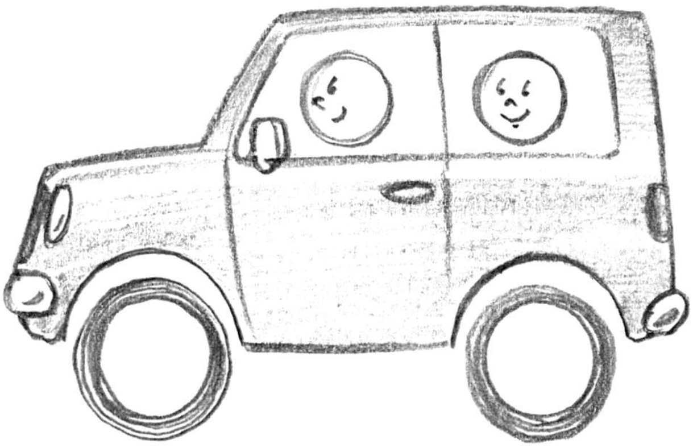

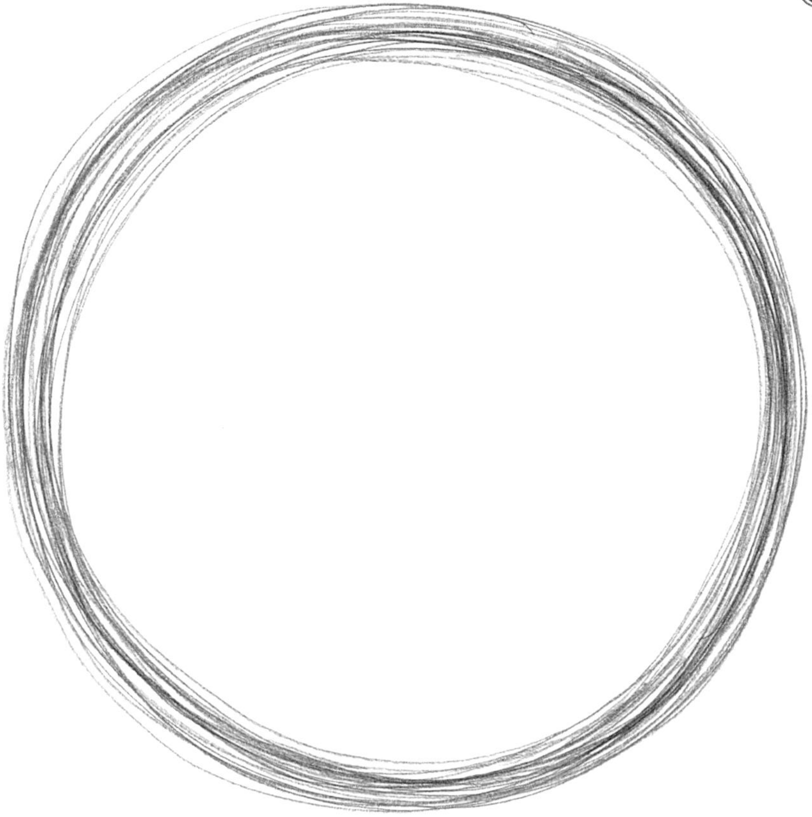

○ ○ ○ ○
Runde runde Rädchen
○ ○ ○ ○
rollen rund ums Haus,
○ ○ ○ ○
rollen schnell den Hang hinab,
○ ○ ○ ○
bis zum Loch der Maus.

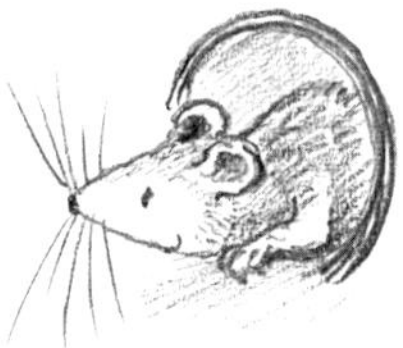

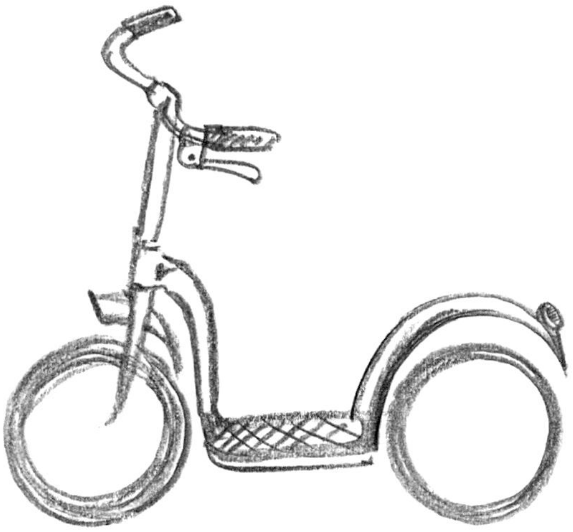

○ ○ ○
Widi wadi wapp
○ ○ ○ ○ ○
und du fährst ab!

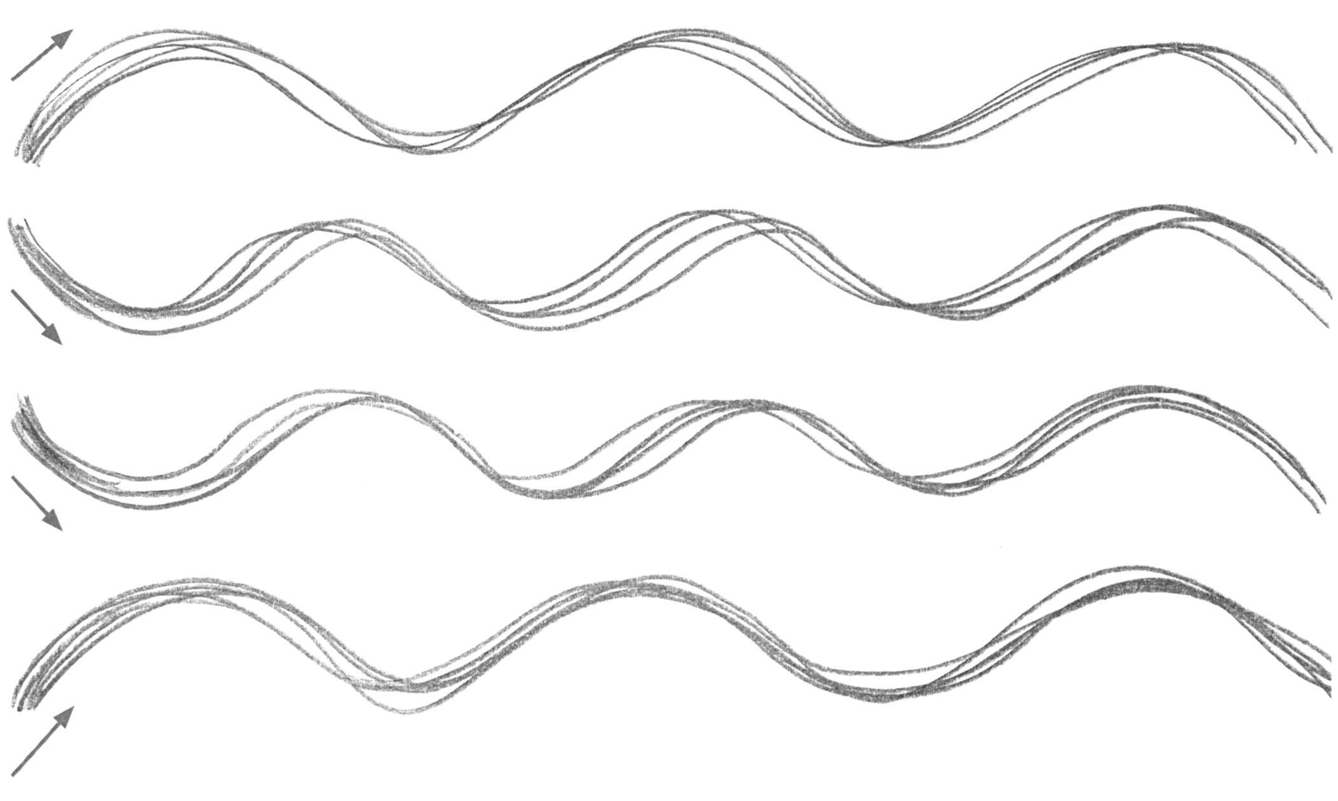

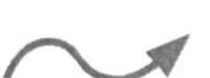
Auf den Wellen weiß und schön

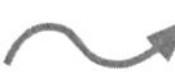
schwimmt ein stolzer Schwan.

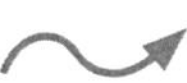
Willst du noch mehr Schwäne sehn?

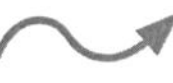
Such und mal sie an!

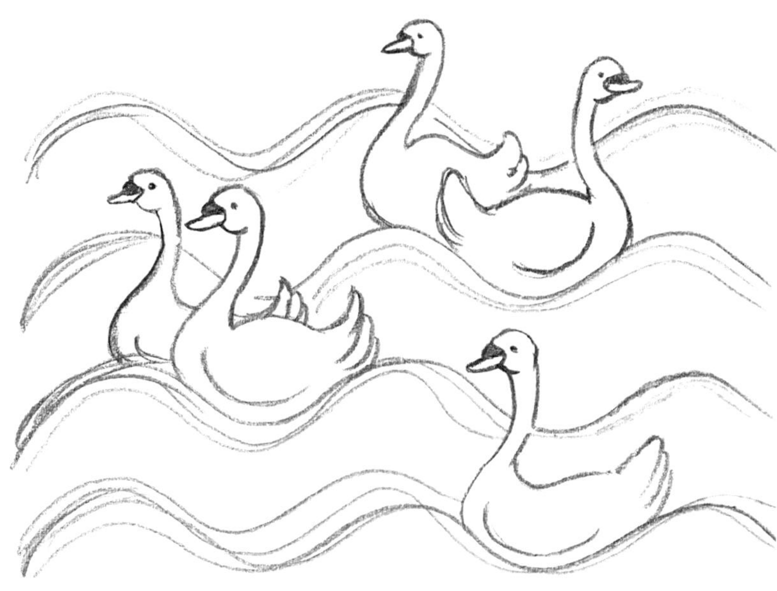

Übung 4 → S. 22

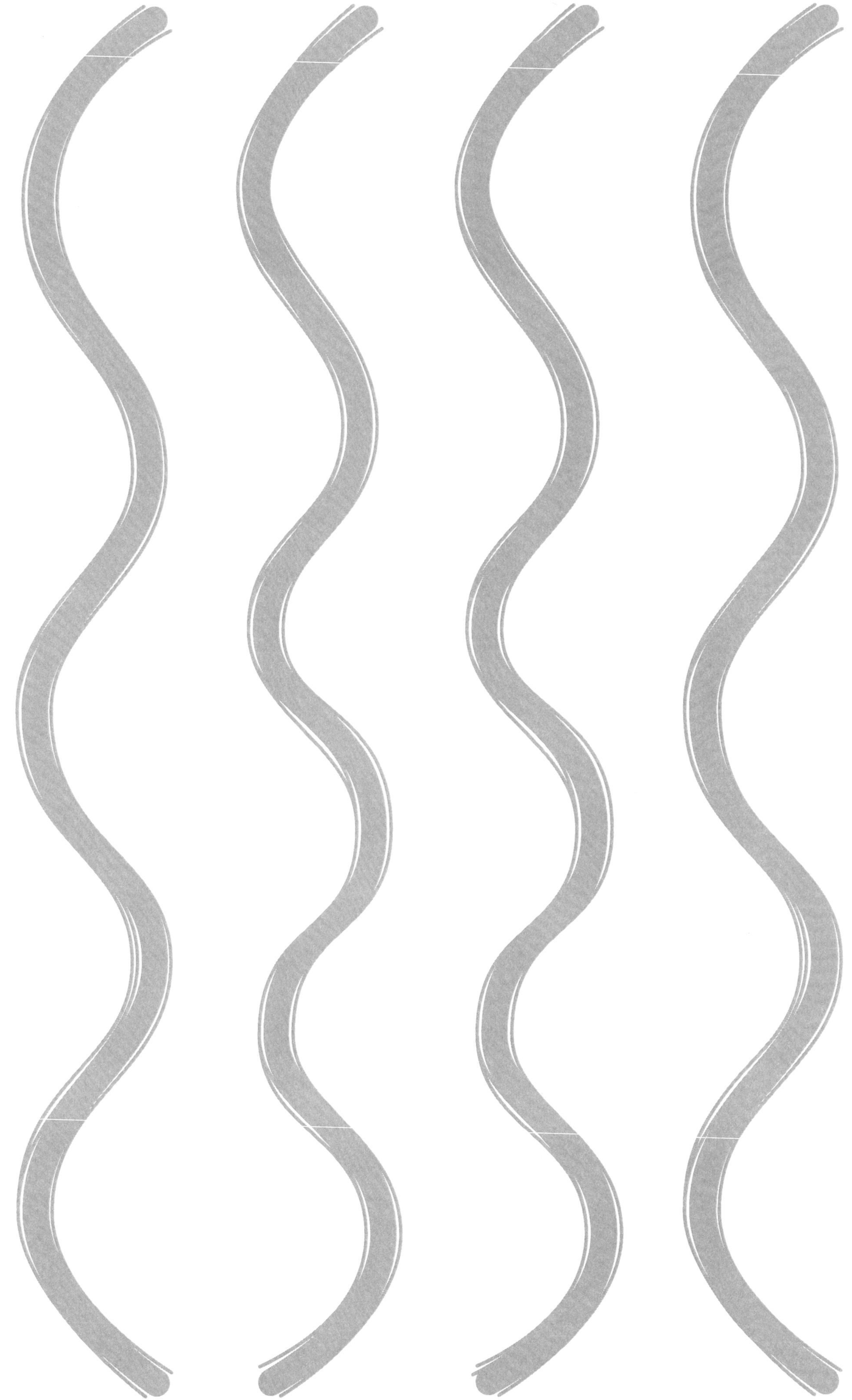

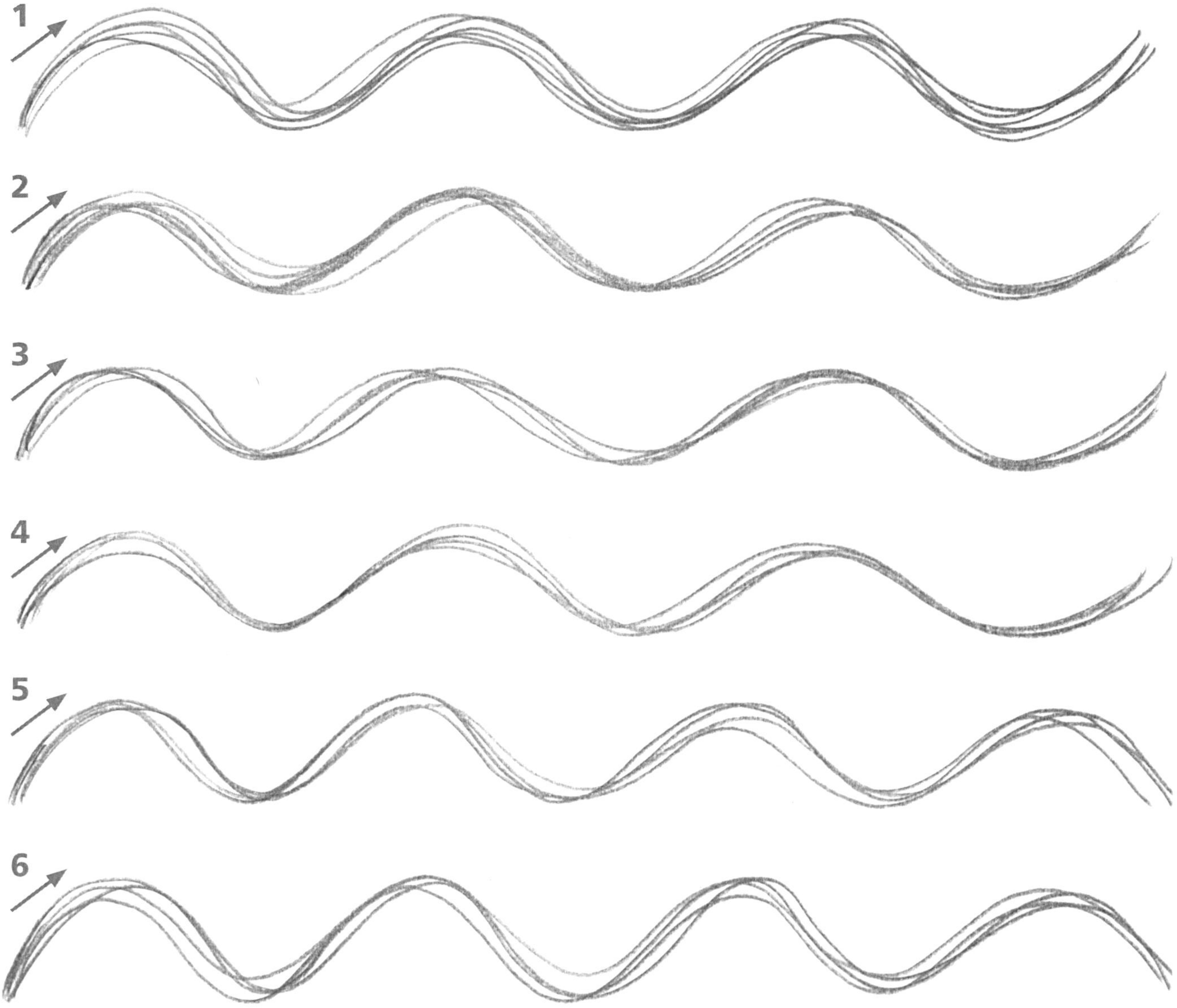

1

2

3

4

5

6

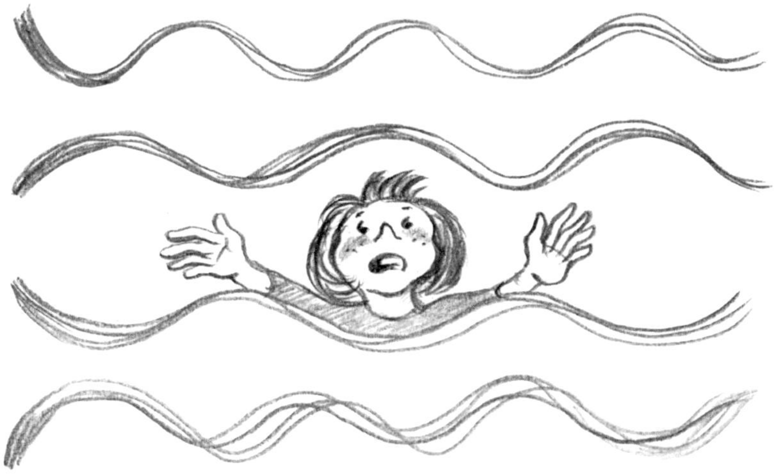

1
Guck mal hin, ojeminee!

2
Paula steht am Bodensee.

3
Fällt ins Wasser wie ne Maus,

4
streckt nur noch die Nase raus.

5
Lauf und renne wie die Blitze,

6
halt sie an der Nasenspitze!

Übung 5 ➡ S. 24

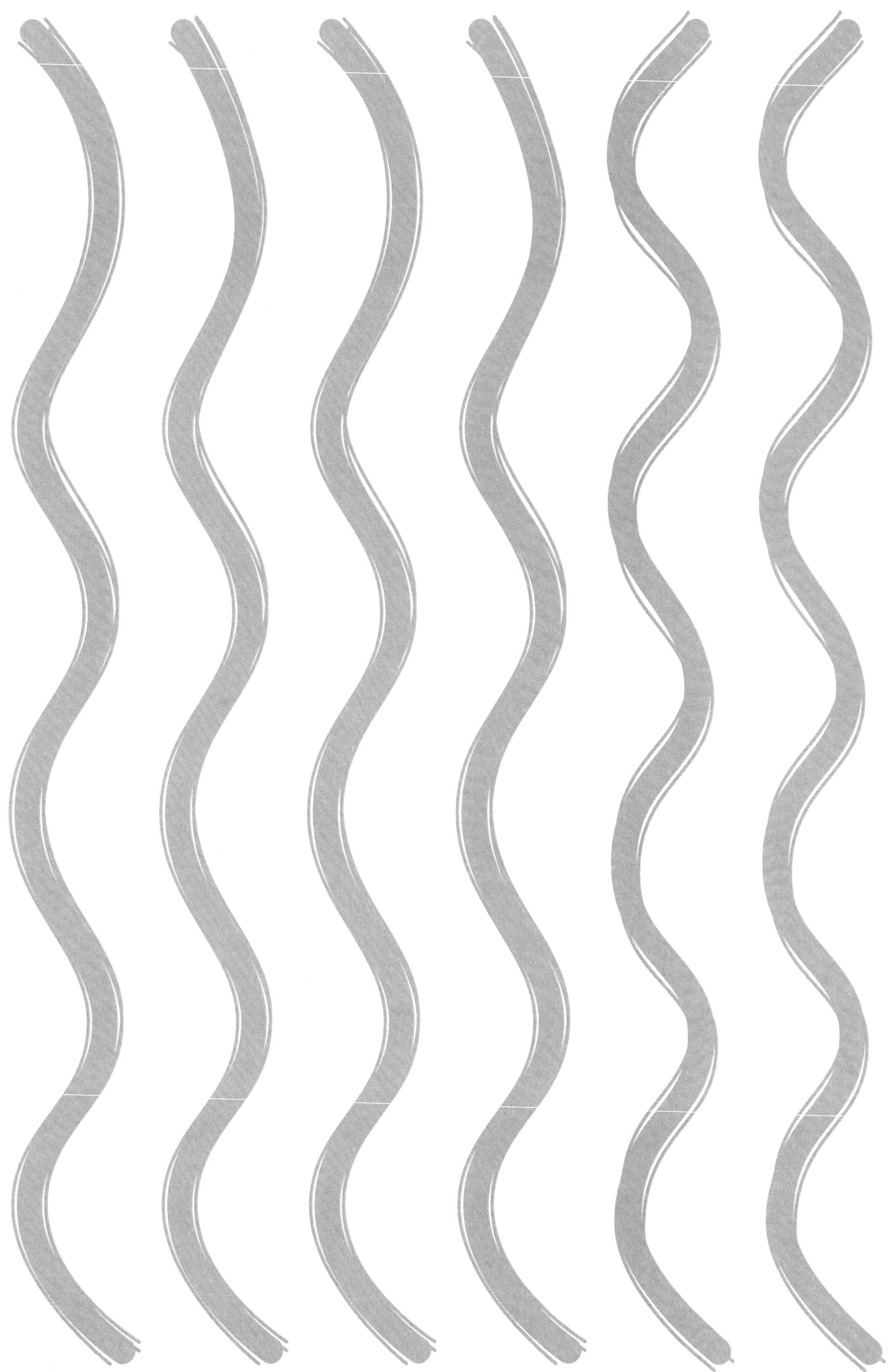

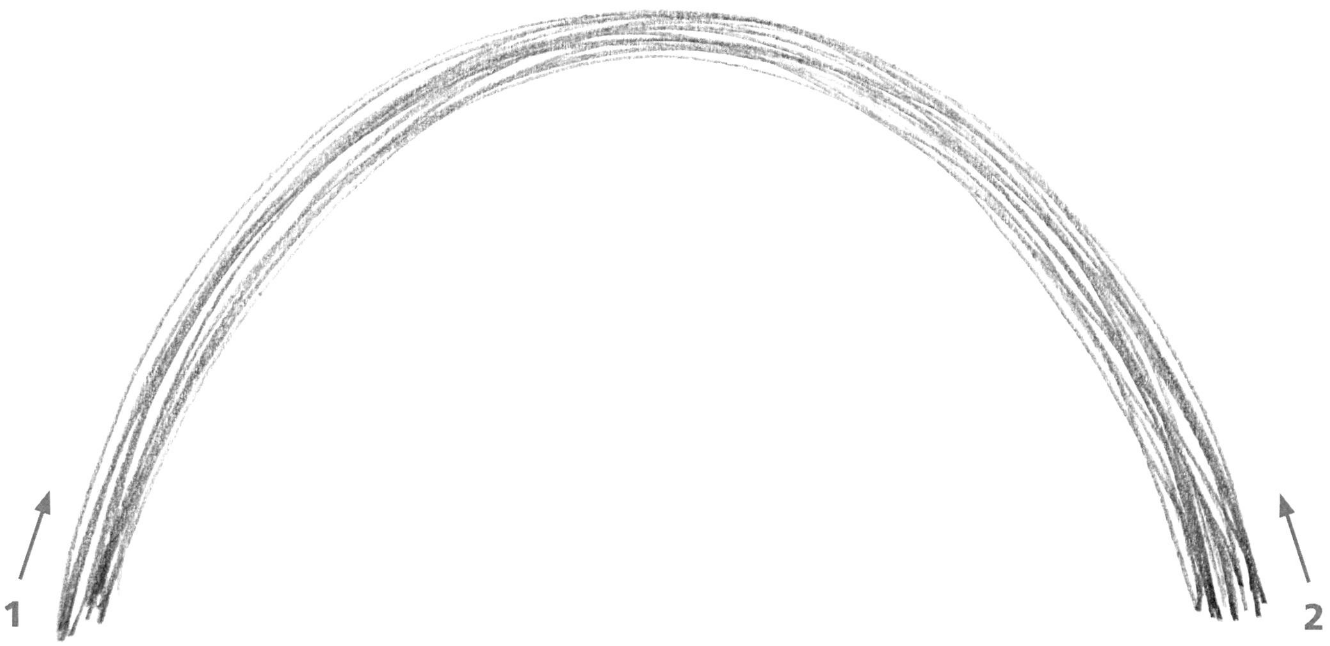

1

2

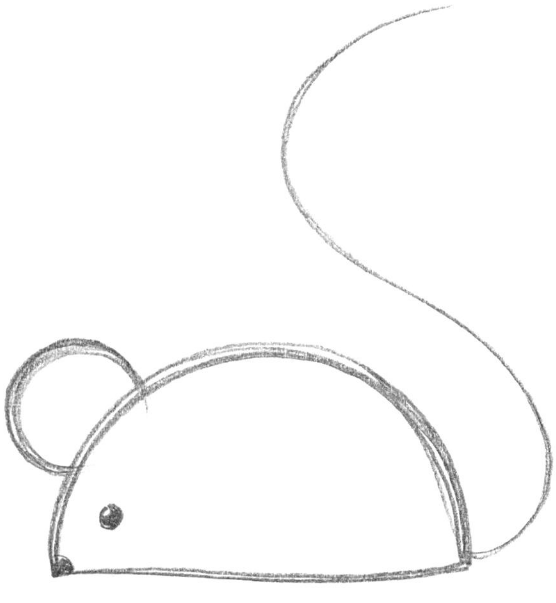

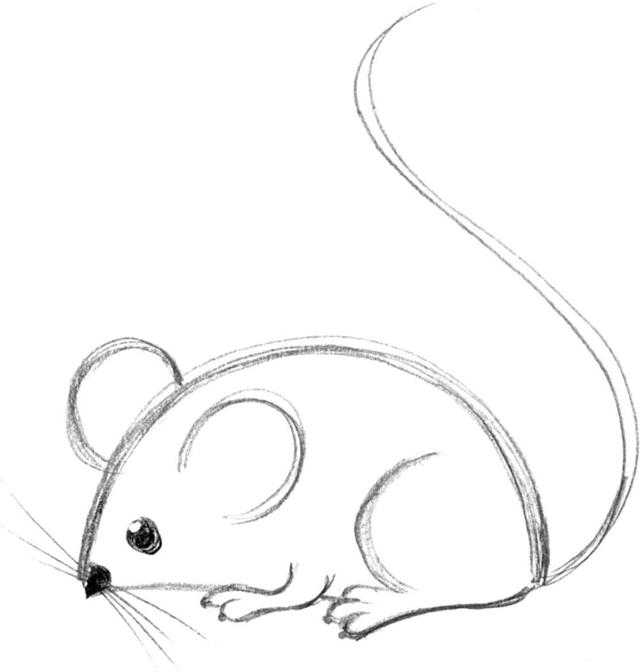

1 2 1 2
Husch, husch, Mäuschen,

1 2 1 2
bleib in deinem Häuschen.

1 2 1 2
Bleib in deinem Mauseloch,

1 2 1 2
sonst frisst dich die Katze doch!

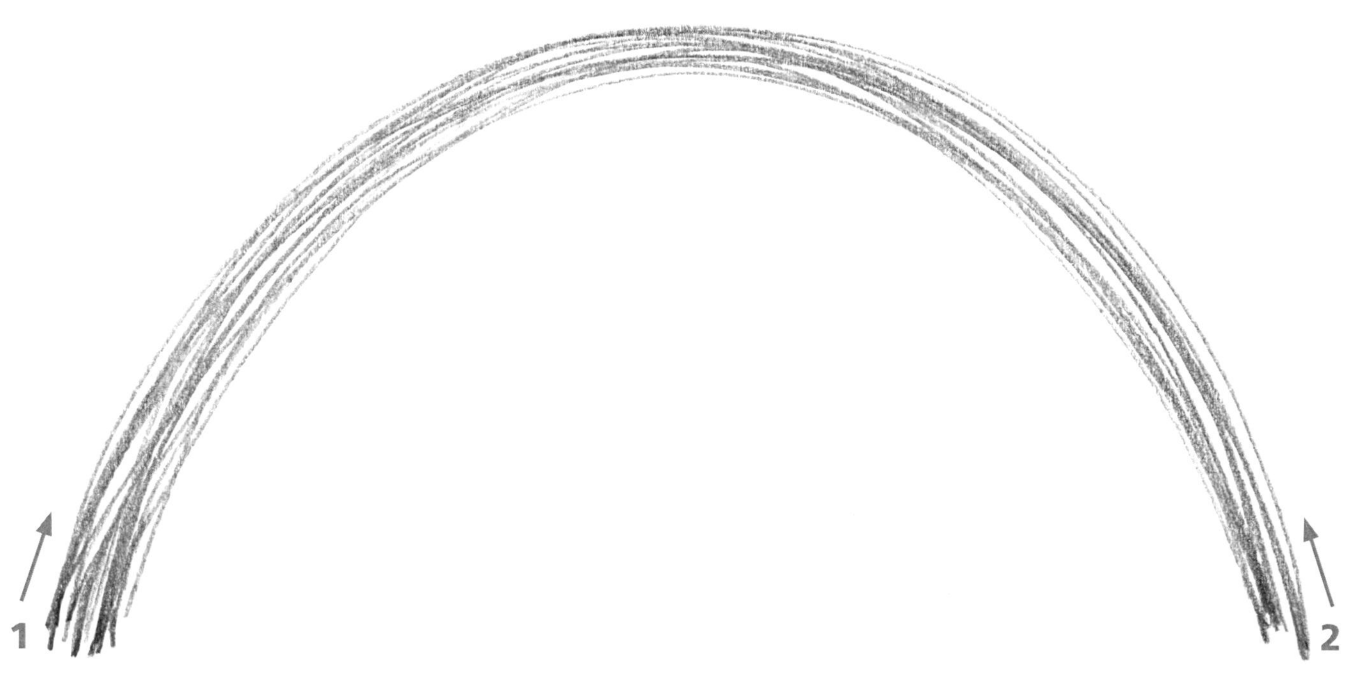

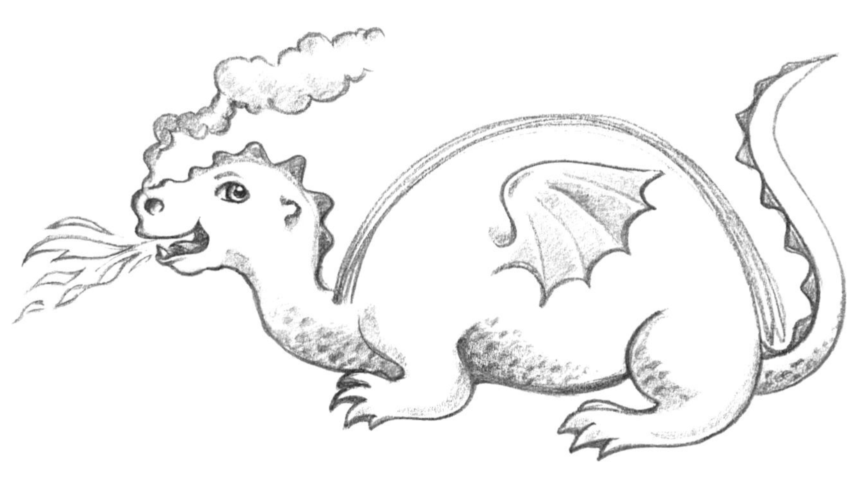

1 2
Alter Drachen

1 2
tief im Loch,

1 2
komm heraus

1 2
ich seh dich doch!

1 2
Alter Drachen

1 2
Feuerspucker,

1 2
komm heraus

1 2
zum Feuerschlucker!

1 2 1 2
Allein im Zelt. – Es ist schon Nacht.

1 2 1 2
Alles ist bereit gemacht:

1 2 1 2
Taschenlampe, Teddybär,

1 2 1 2
Notfallhandy und noch mehr.

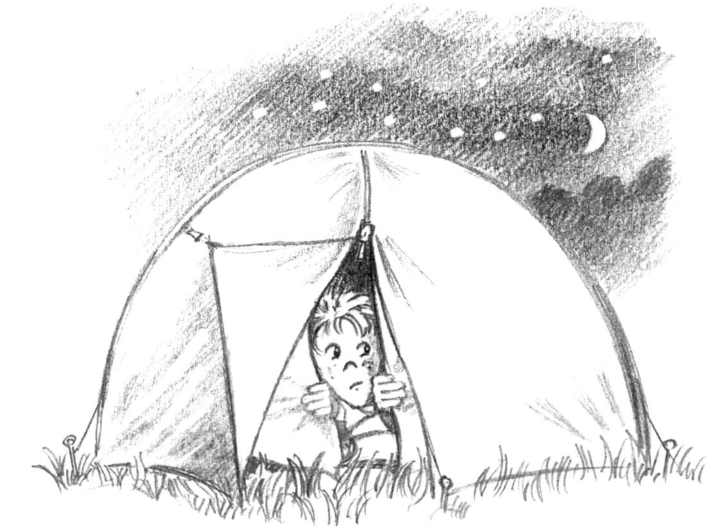

1 2 1 2
Doch schlafen kann ich leider nicht.

1 2 1 2
Bewegt sich draußen nicht ein Licht?

1 2 1 2
Kriecht nicht jemand durch das Gras?

1 2 1 2
Ist's ein Räuber, ist's ein Has?

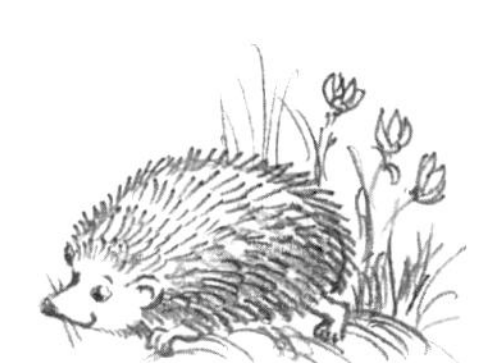

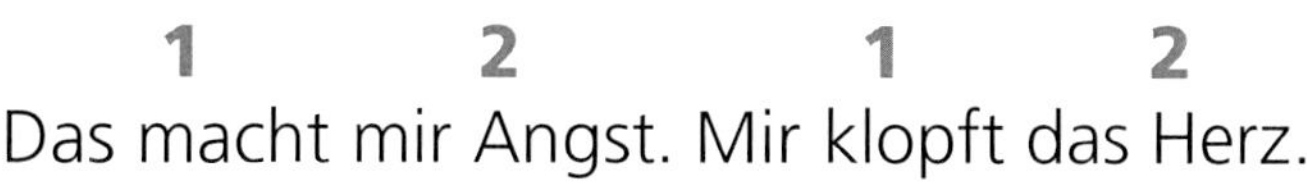

1 2 1 2
Das macht mir Angst. Mir klopft das Herz.

1 2 1 2
Ich will ins Haus. Es ist kein Scherz!

1 2 1 2
Jetzt schnell die Taschenlampe an.

1 2 1 2
Und dann renn ich, was ich kann!

 Übung 8 → S. 26, 28, 30

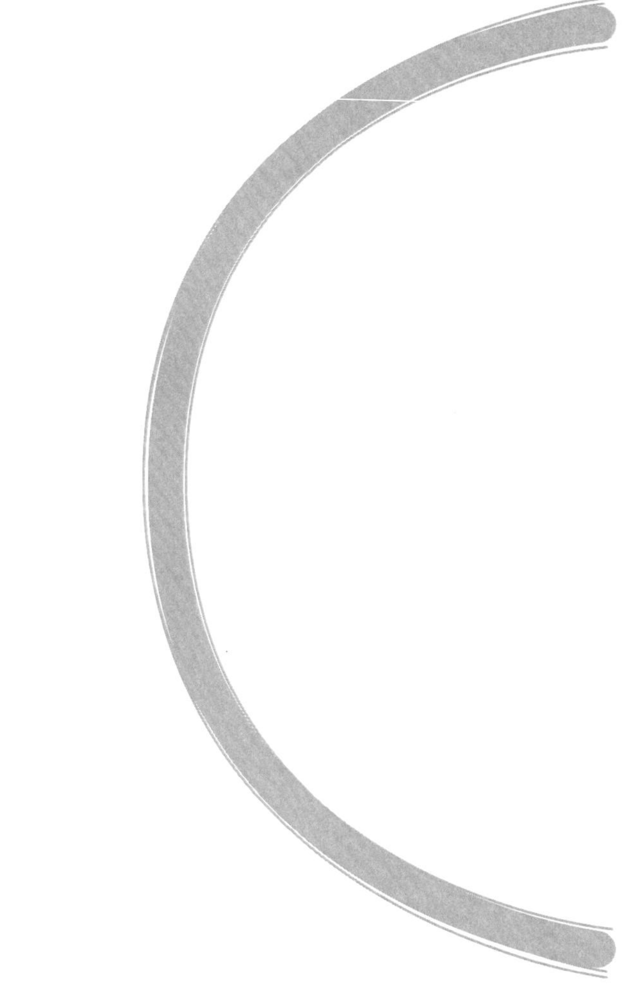

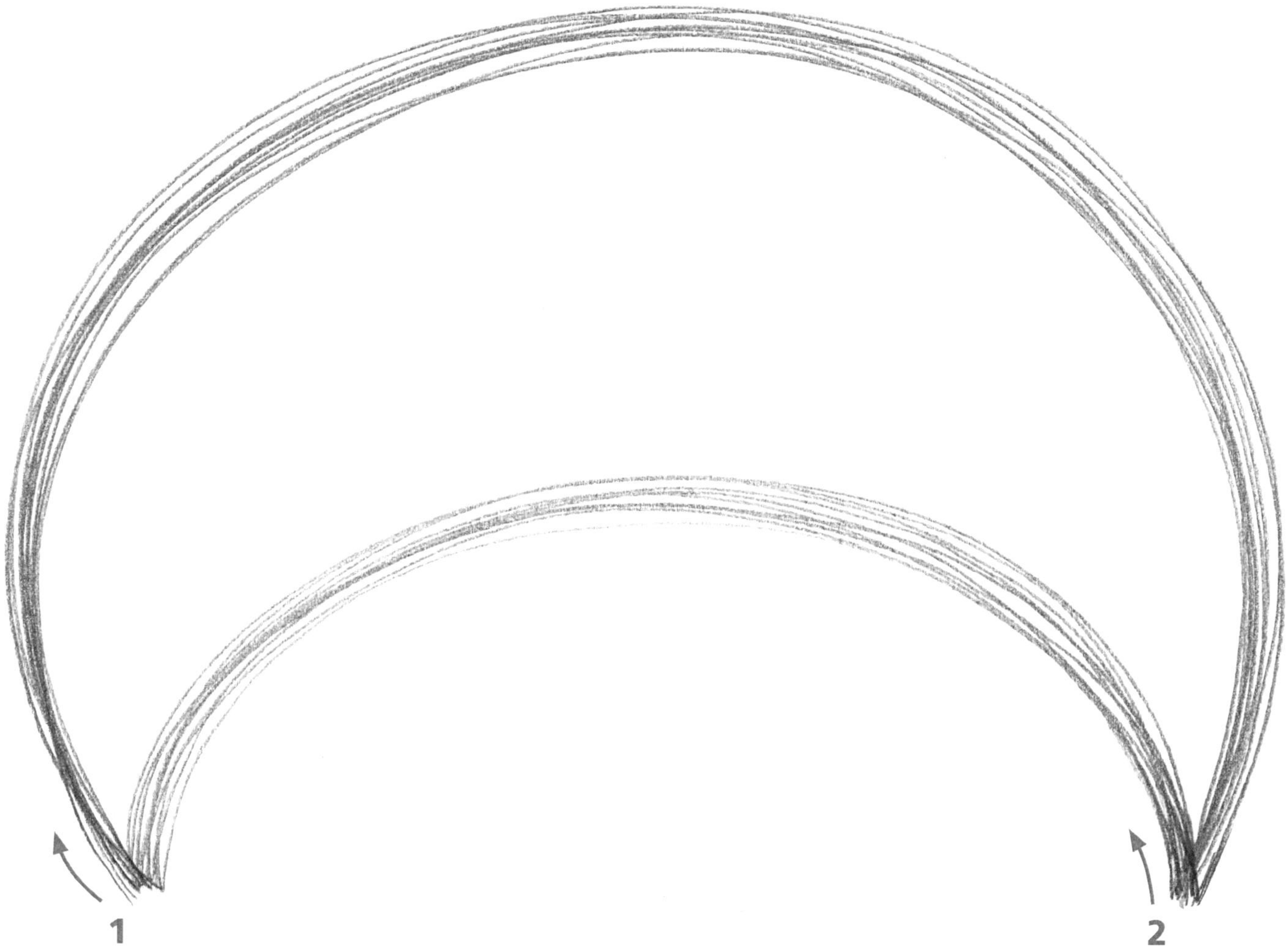

1 2

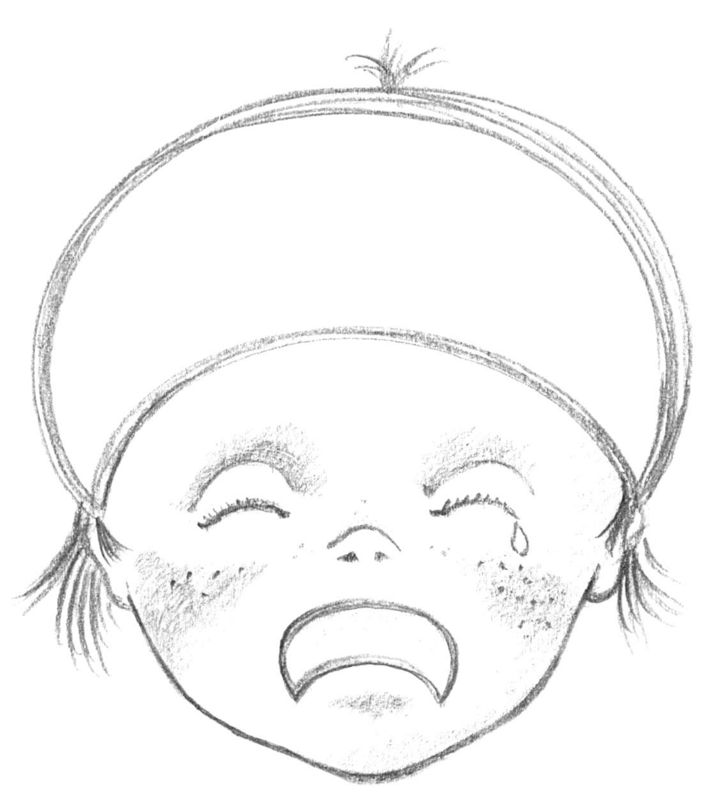

1 2
Ja sag mal, was schmollst du?

1 2
Ja sag mal, was grollst du?

1 2
Dein saures Gesicht

1 2
gefällt mir doch nicht!

Übung 9 → S. 32

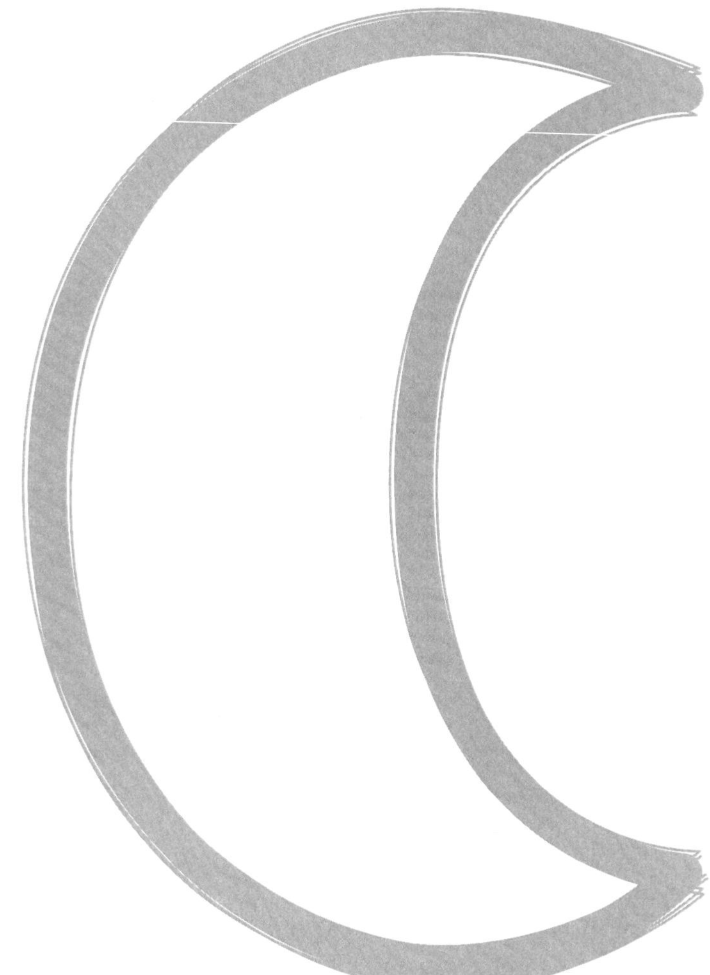

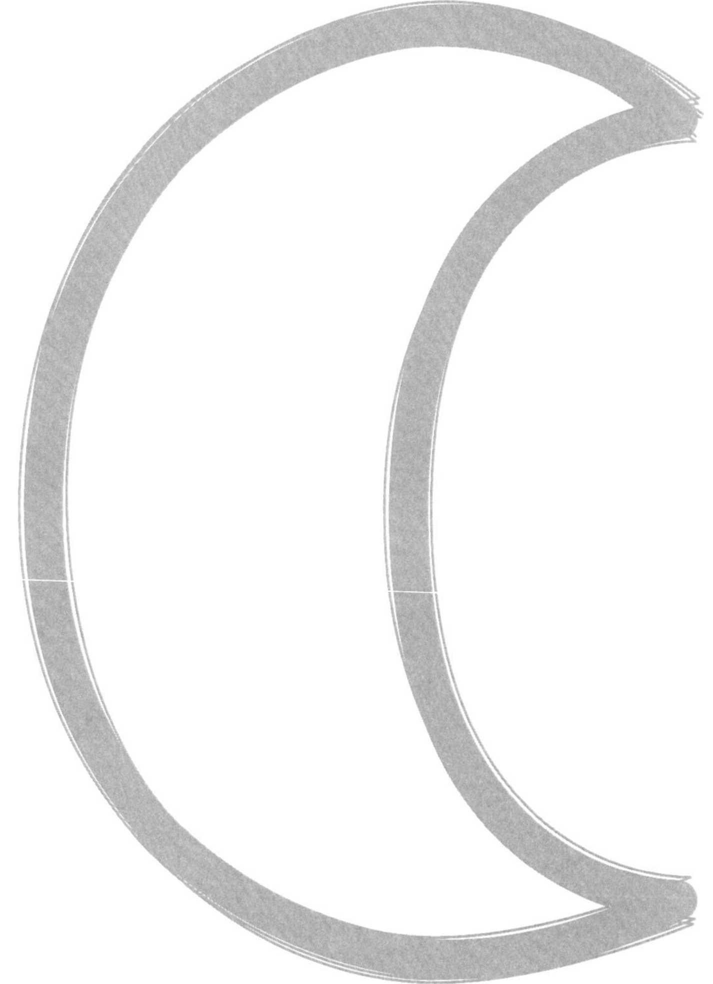

1 2 1 2
Sommer, Winter, kalt und warm,

1 2 1 2
traurig, lustig, reich und arm,

1 2 1 2
gut und böse, leicht und schwer,

1 2 1 2
das Pendel pendelt hin und her.

1 2 1 2
Ob groß, ob klein, ob Frau, ob Mann,

1 2 1 2
das Pendel hält für keinen an.

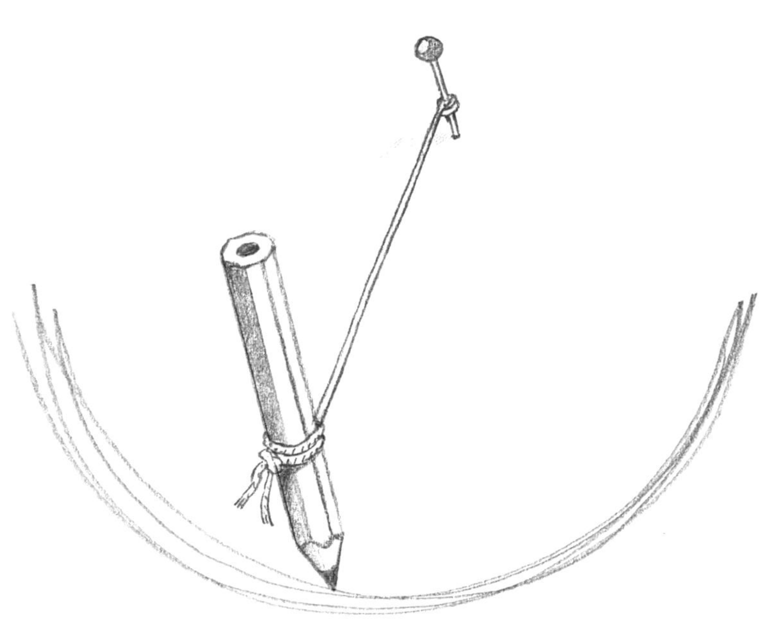

1 2 1 2
Eins zwei drei,

1 2 1 2
alt ist nicht neu,

1 2 1 2
neu ist nicht alt,

1 2 1 2
warm ist nicht kalt,

1 2 1 2
kalt ist nicht warm,

1 2 1 2
reich ist nicht arm,

1 2 1 2
arm ist nicht reich,

1 2 1 2
hart ist nicht weich,

1 2 1 2
weich ist nicht hart,

1 2 1 2
Ziel ist nicht Start,

1 2 1 2
Start ist nicht Ziel,

1 2 1 2
mir wird es zuviel!

Übung 10 → S. 34

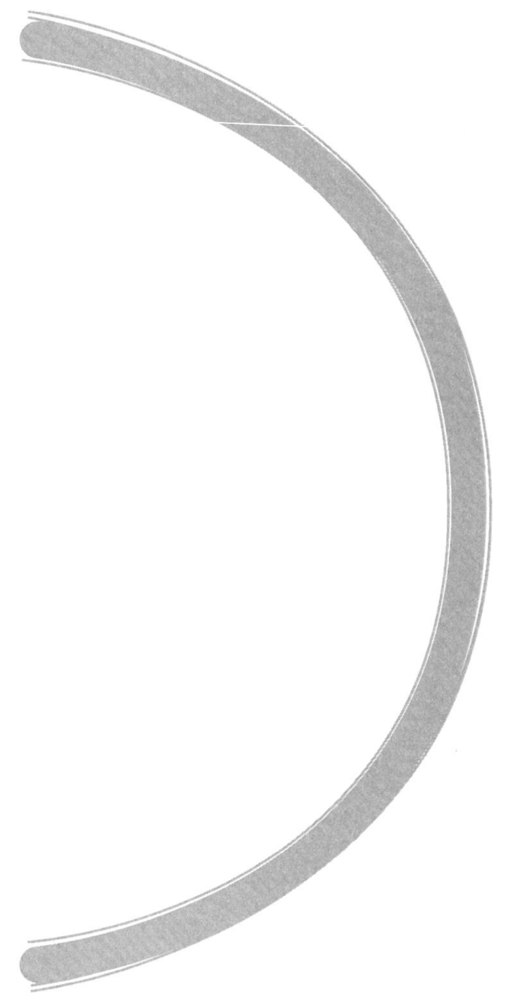

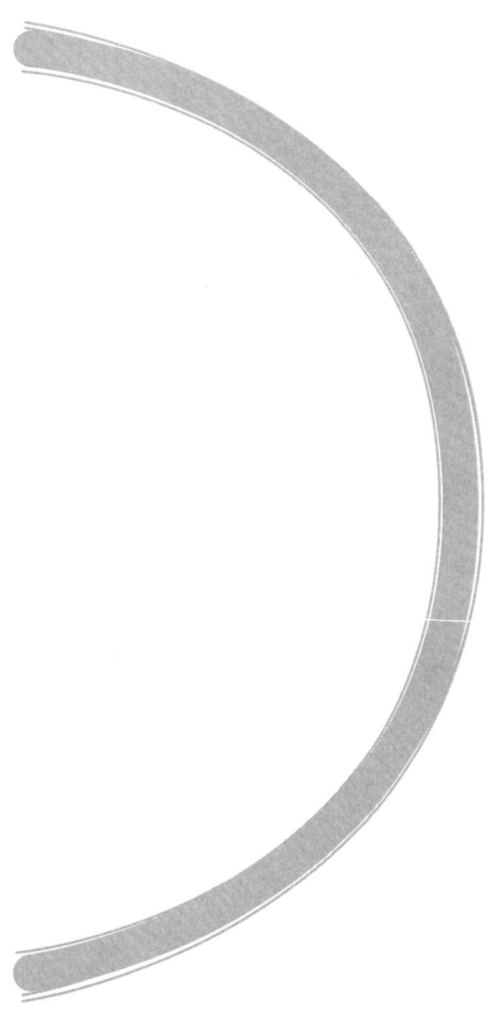

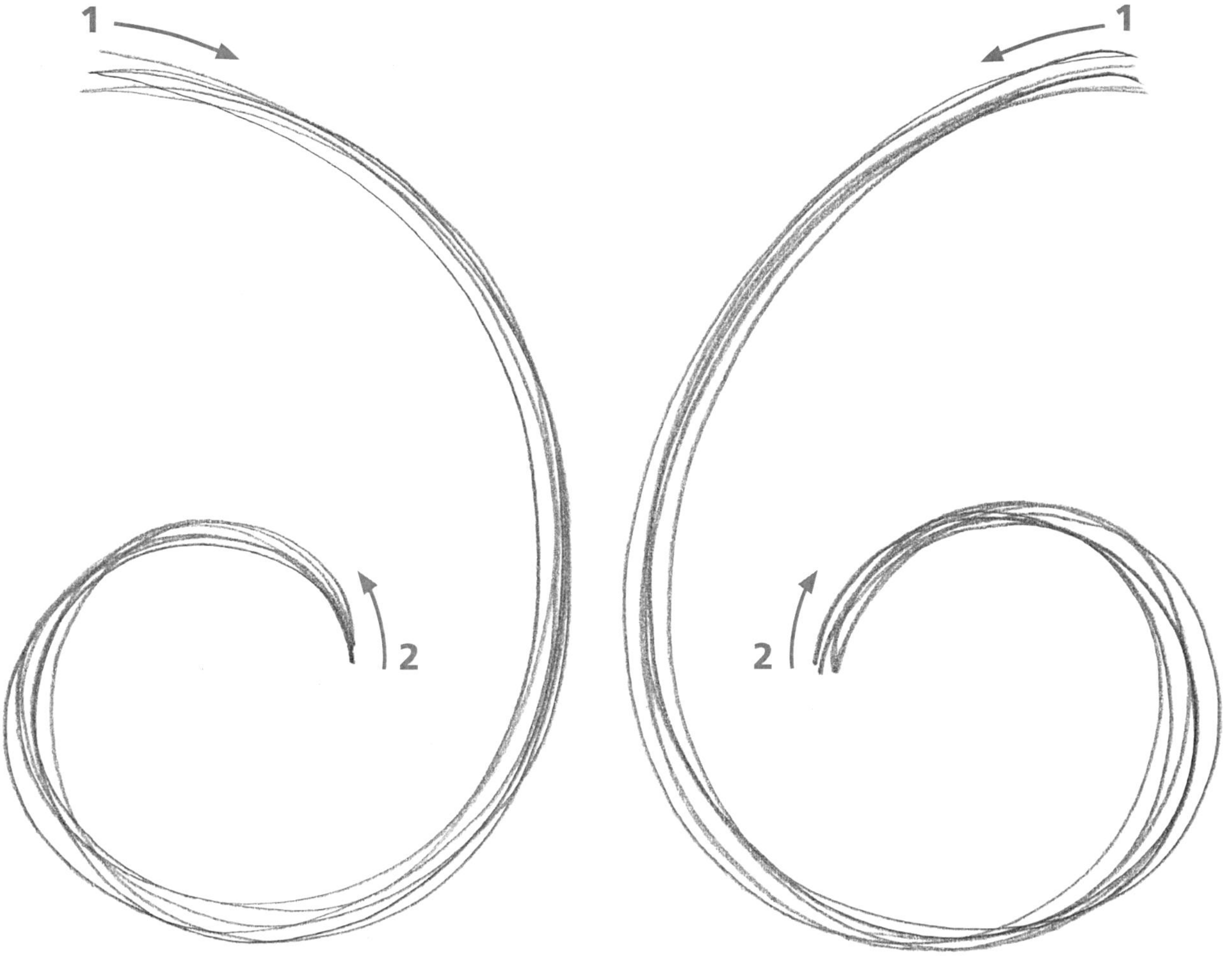

1 2
Gänserich und Gänsedame

1 2
treffen sich am Bach,

1 2
plustern sich und schnattern los.

1 2
Mensch ist das ein Krach!

1 2
Gänserich und Gänsedame

1 2
treffen sich zum Tanz,

1 2
gehn hin und her im Gänsemarsch

1 2
und wackeln mit dem Schwanz.

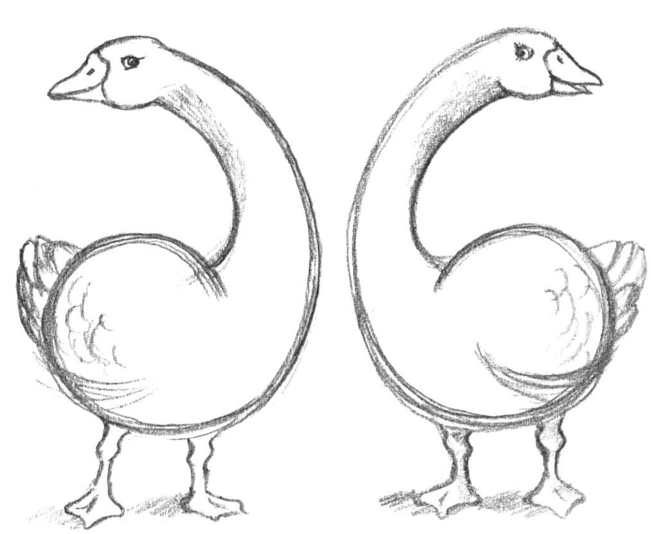

Übung 11 → S. 36

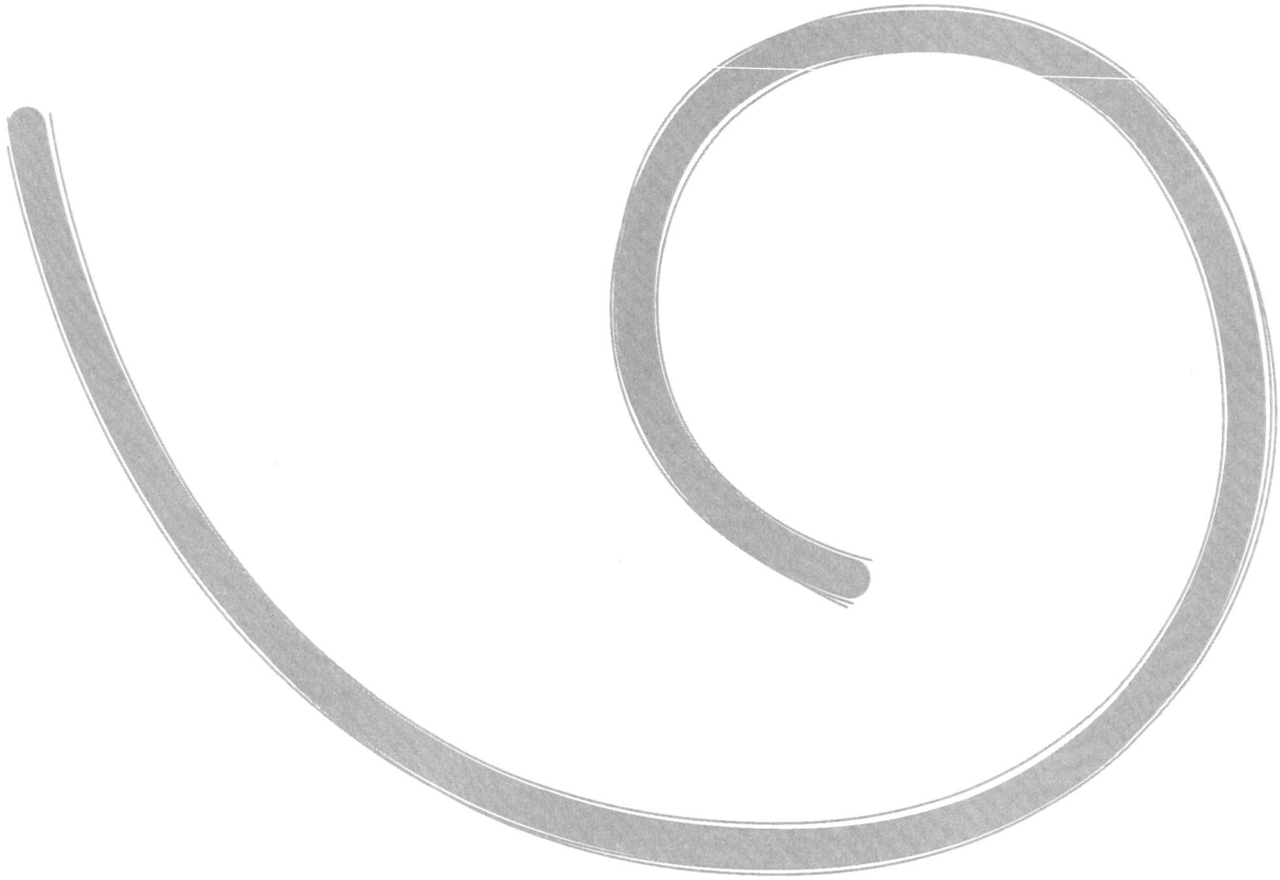

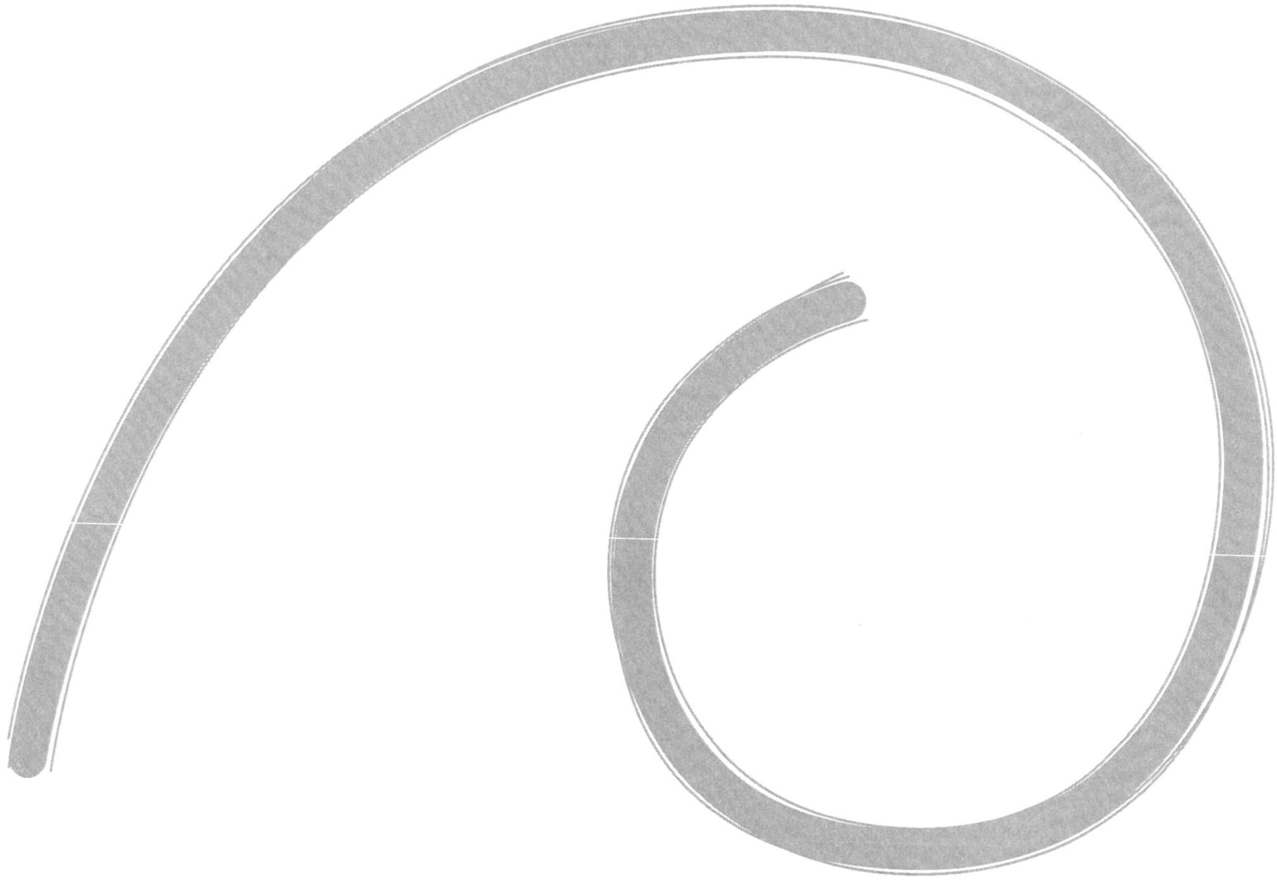

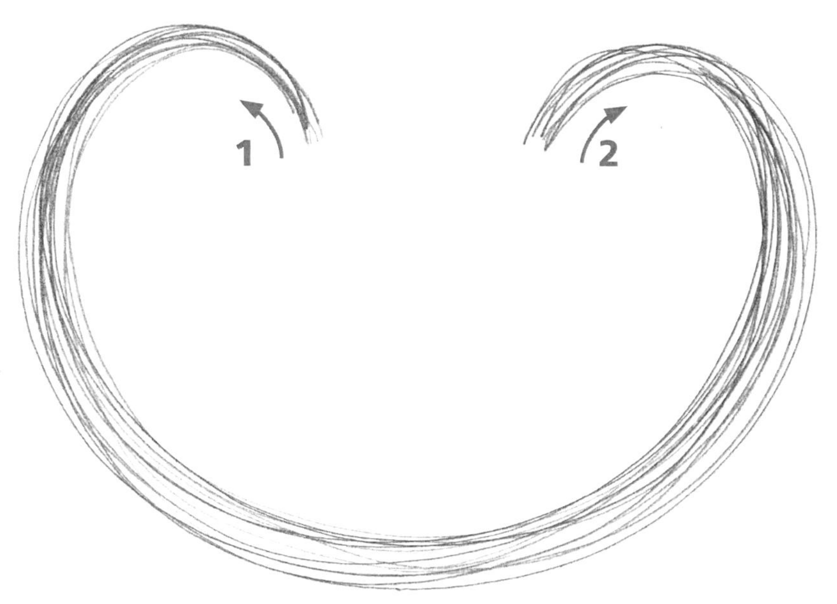

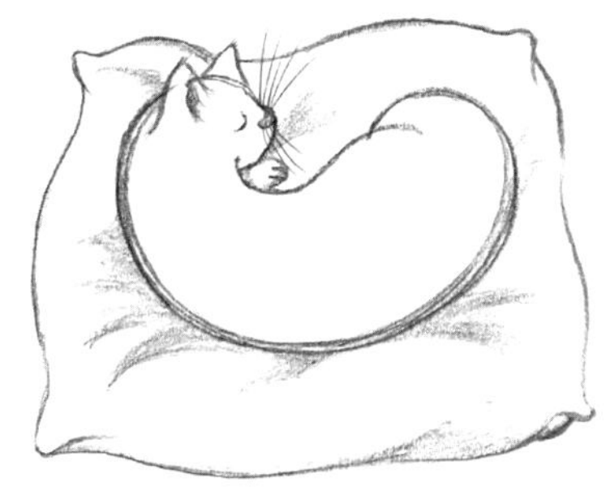

1
Die Katze schläft,
2
die Katze träumt,
1 2
sie träumt von einer Maus.

1
Erst zuckt der Schwanz,
2
dann springt sie auf,
1 2
schon rennt sie aus dem Haus.

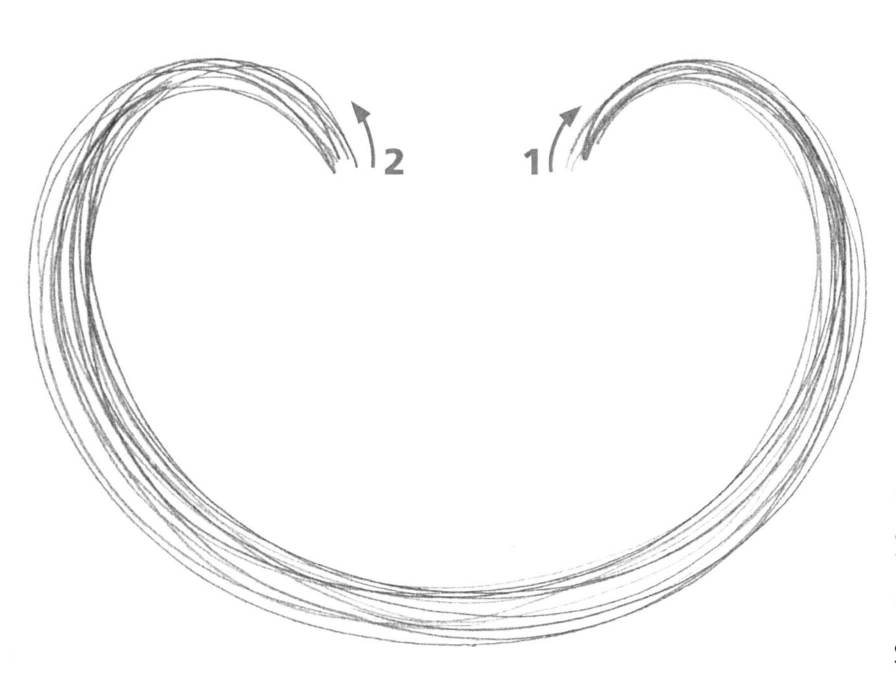

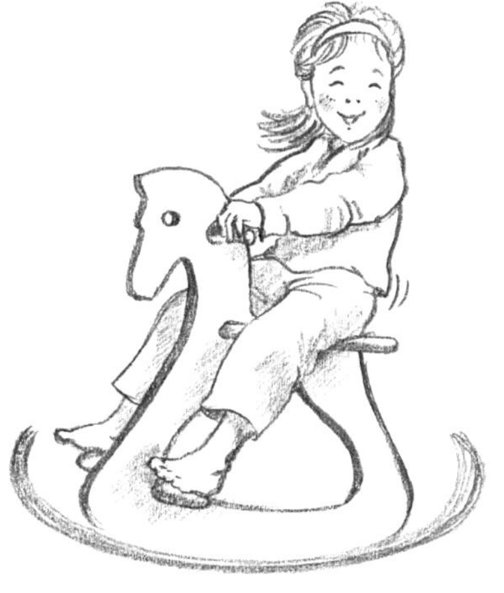

1 2
Stoß mich hin und zieh mich her,
1 2
schaukle, wiege mich!
1 2
Stoß mich hin und zieh mich her,
1 2
nachher wieg ich dich!

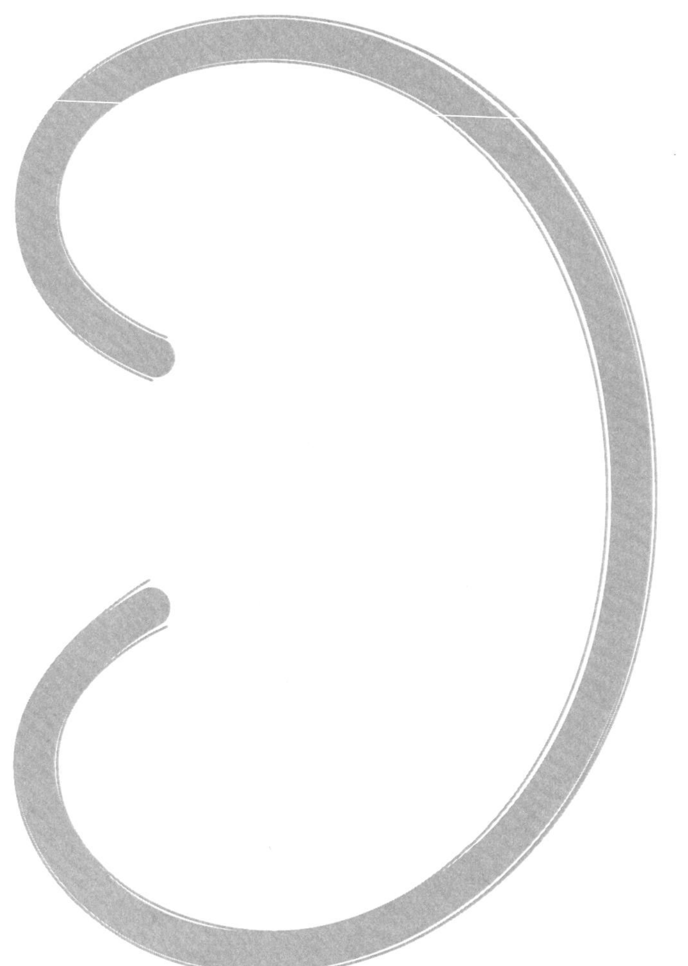

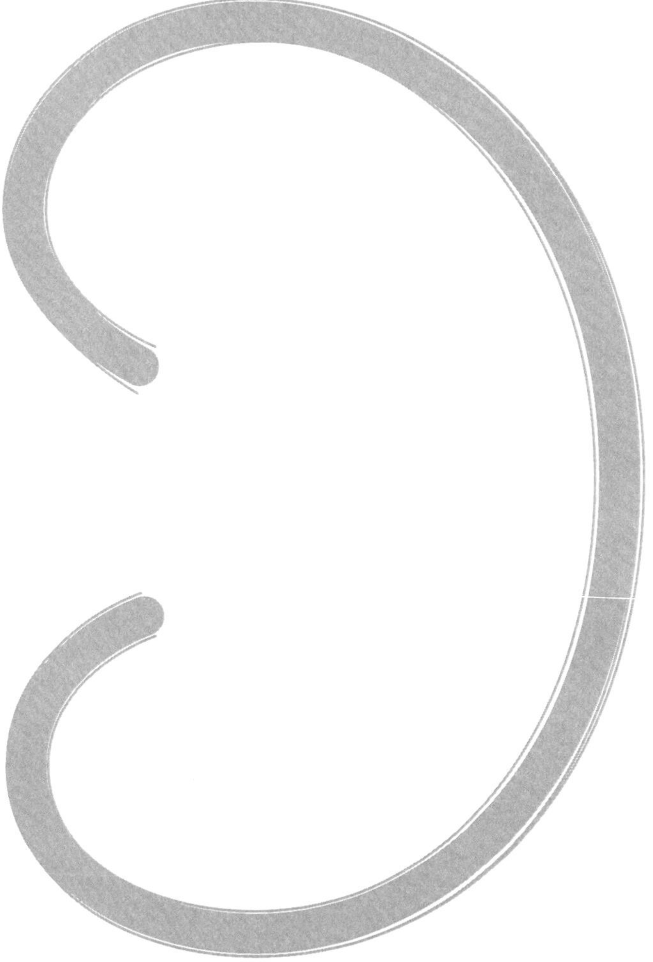

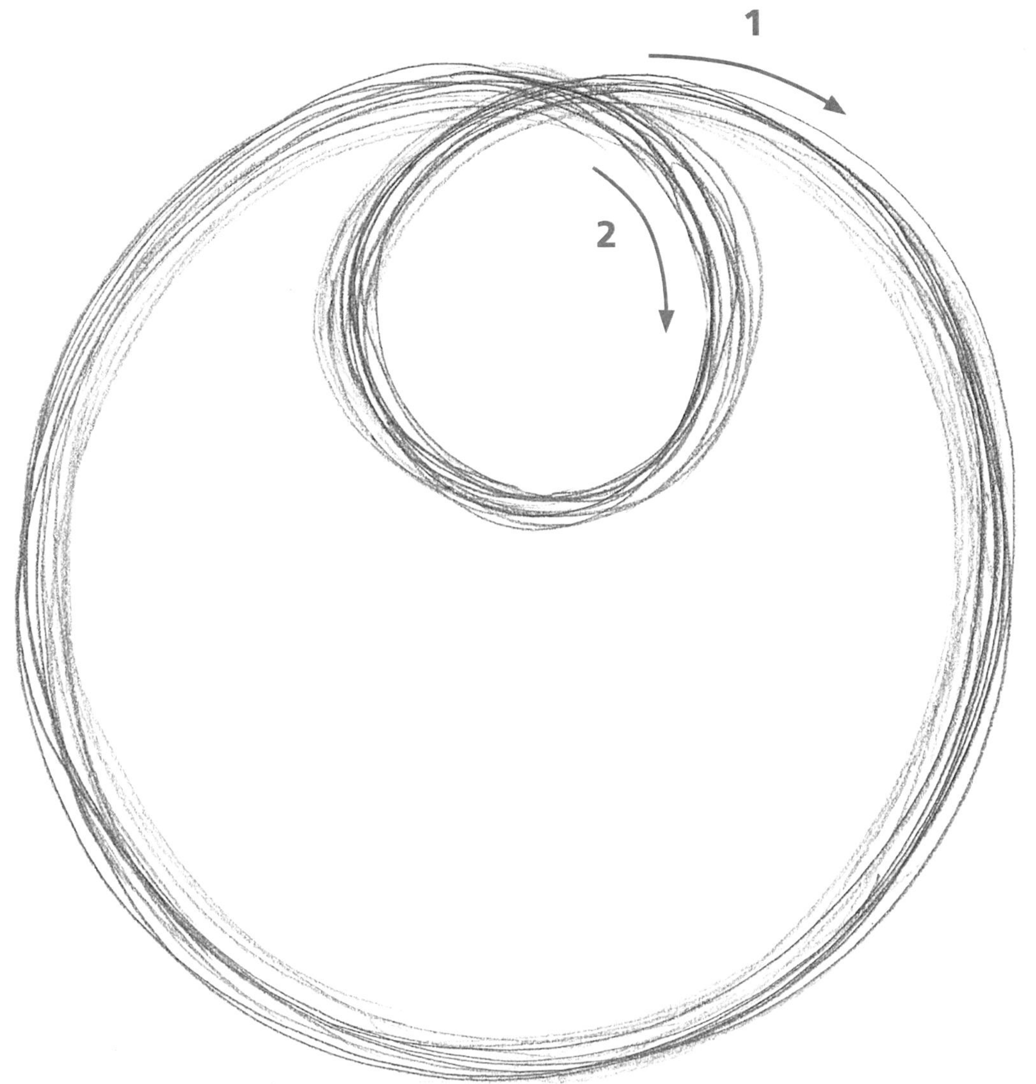

1 Dieser Kuckuck der mich neckt, 2 Kuckuck!

1 tief im Waldgesträuch versteckt, 2 Kuckuck!

1 rechts und links und überall, 2 Kuckuck!

1 hör ich seinen fernen Schall, 2 Kuckuck!

1 Wo ich komme, geht er fort, 2 Kuckuck!

1 bin ich hier, so ist er dort. 2 Kuckuck!

1 Ei so sei er, wo er sei, 2 Kuckuck!

1 lieblich ist von fern sein Schrei. 2 Kuckuck!

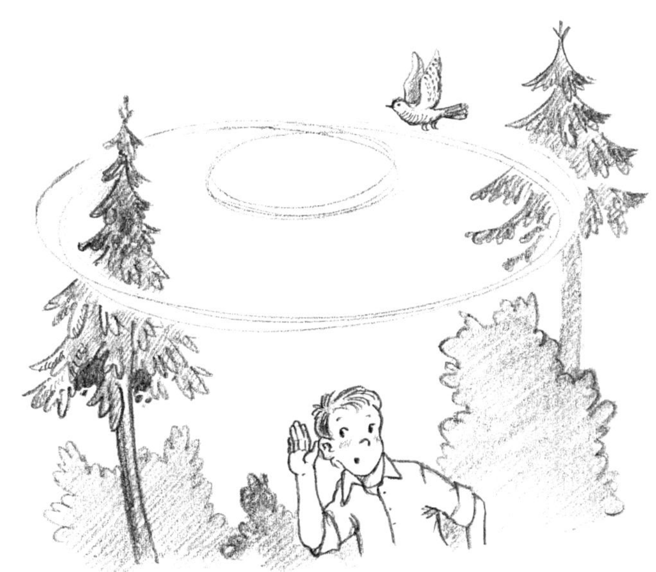

Übung 13 → S. 40

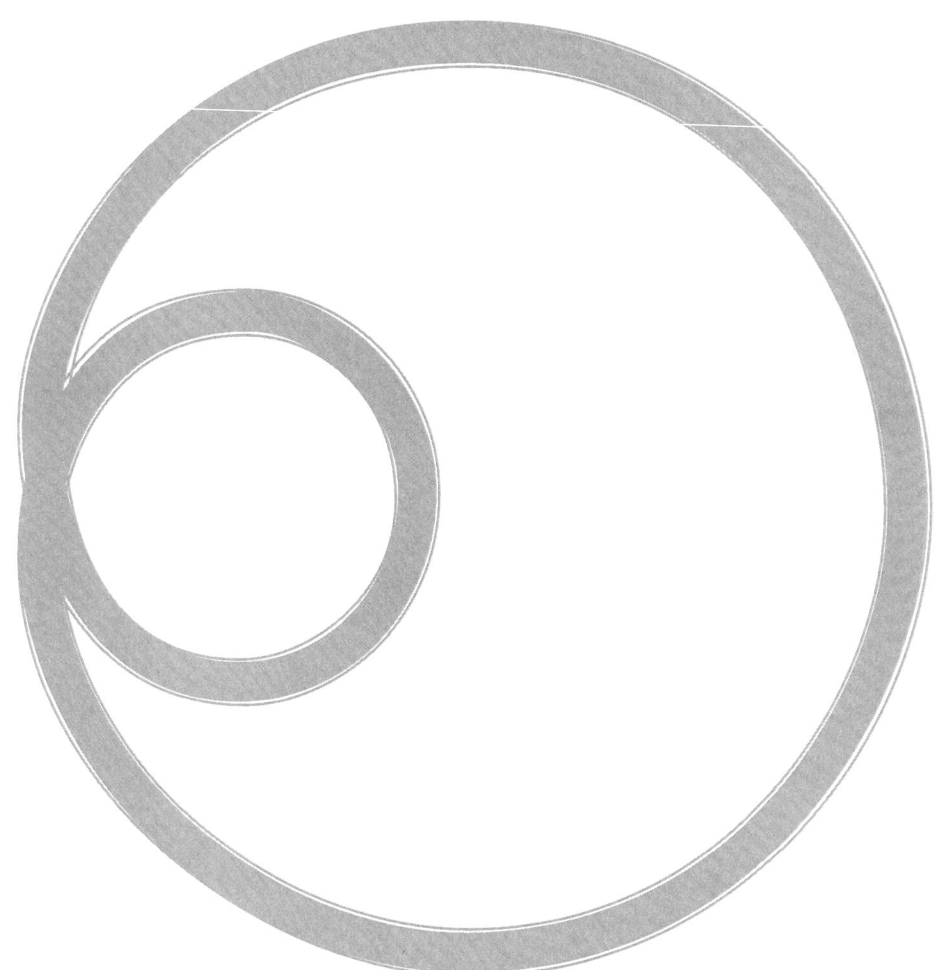

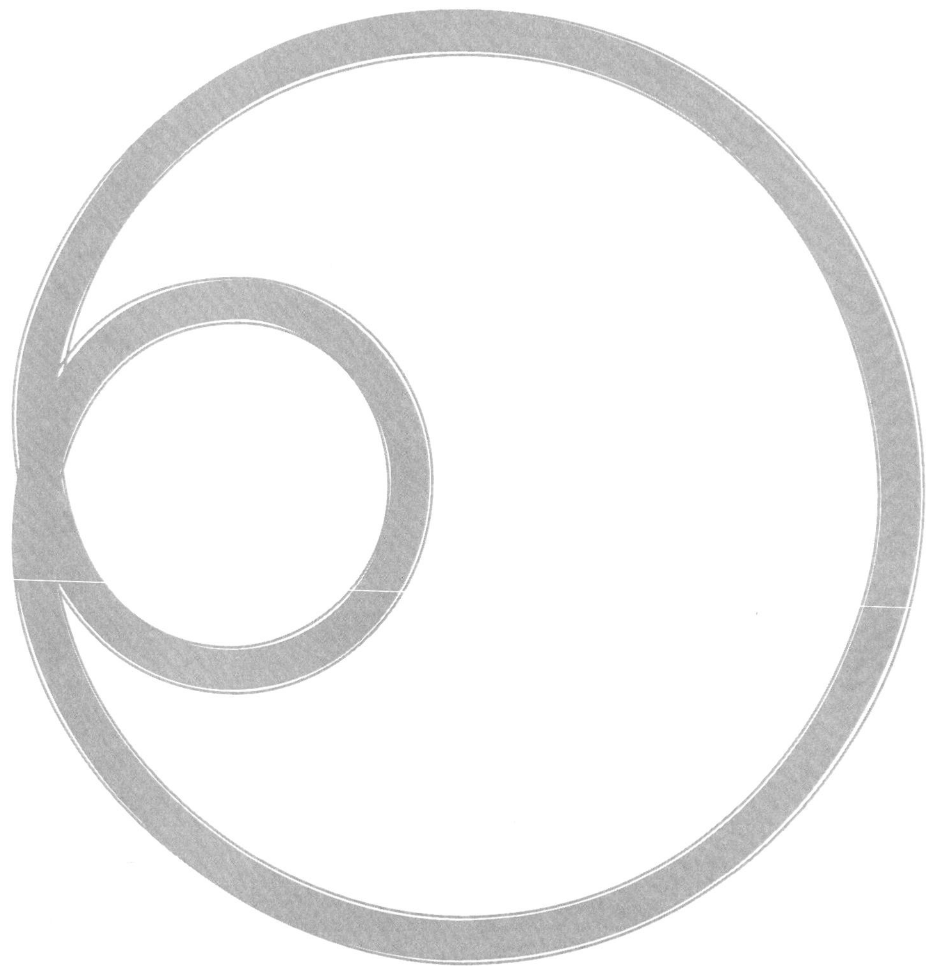

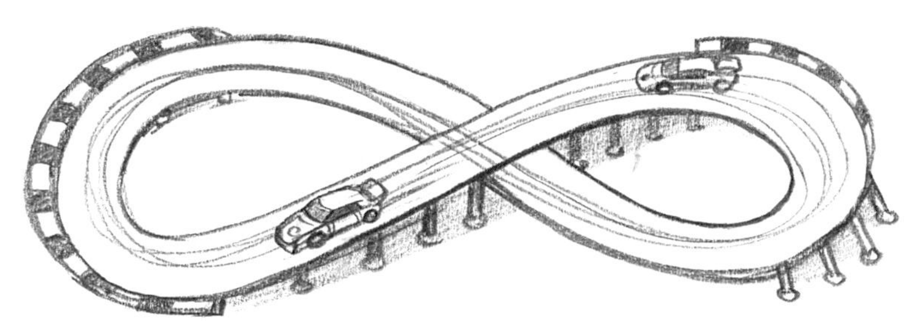

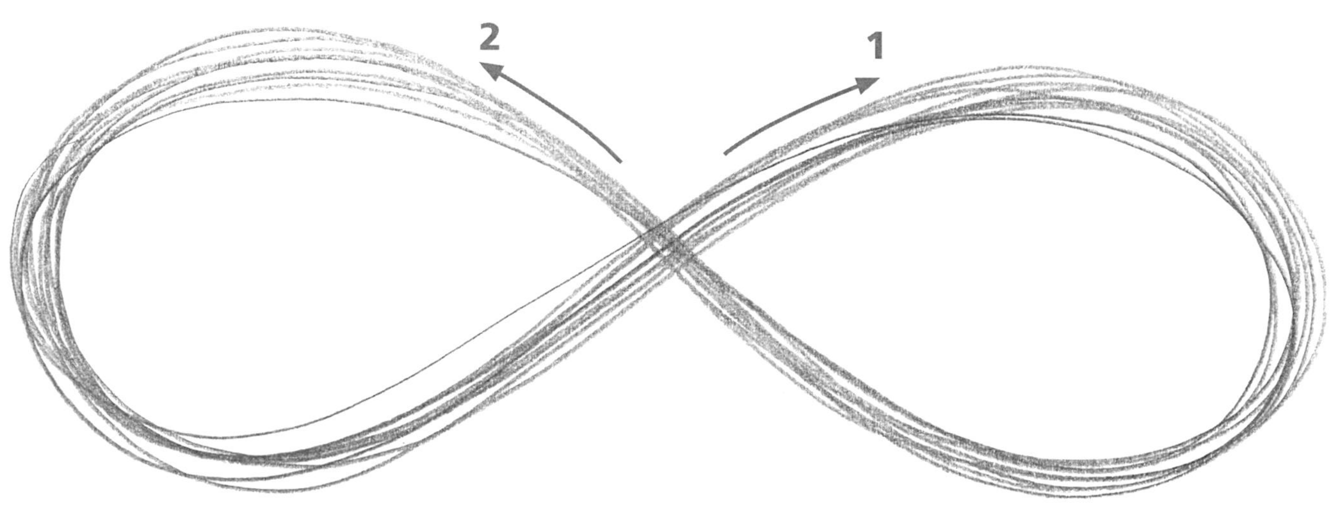

1 2
Na ja, so geht's.

1 2
Es geht und geht

1 2
Solang es geht.

1 2
Wenn's nicht mehr geht,

1 2
so geht's nicht mehr.

1 2
Na ja so geht's …

Übung 14 → S. 42

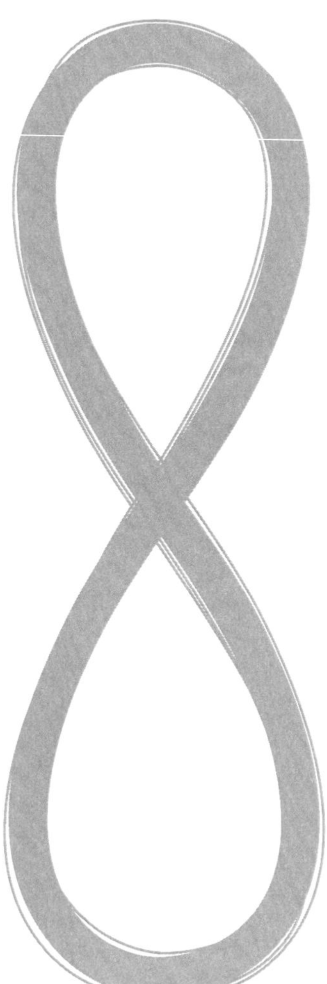

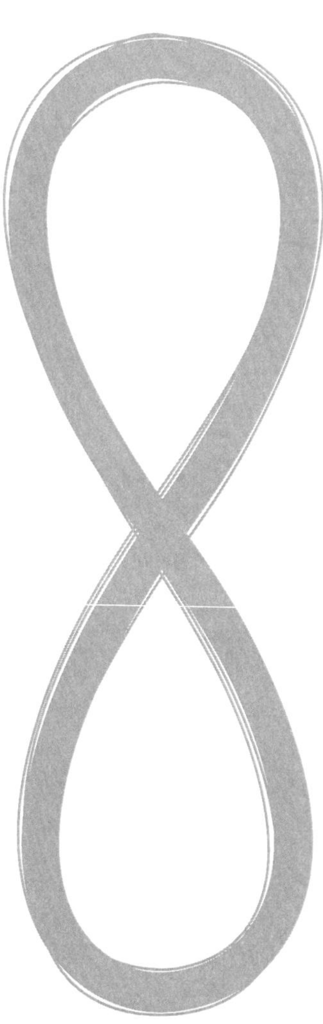

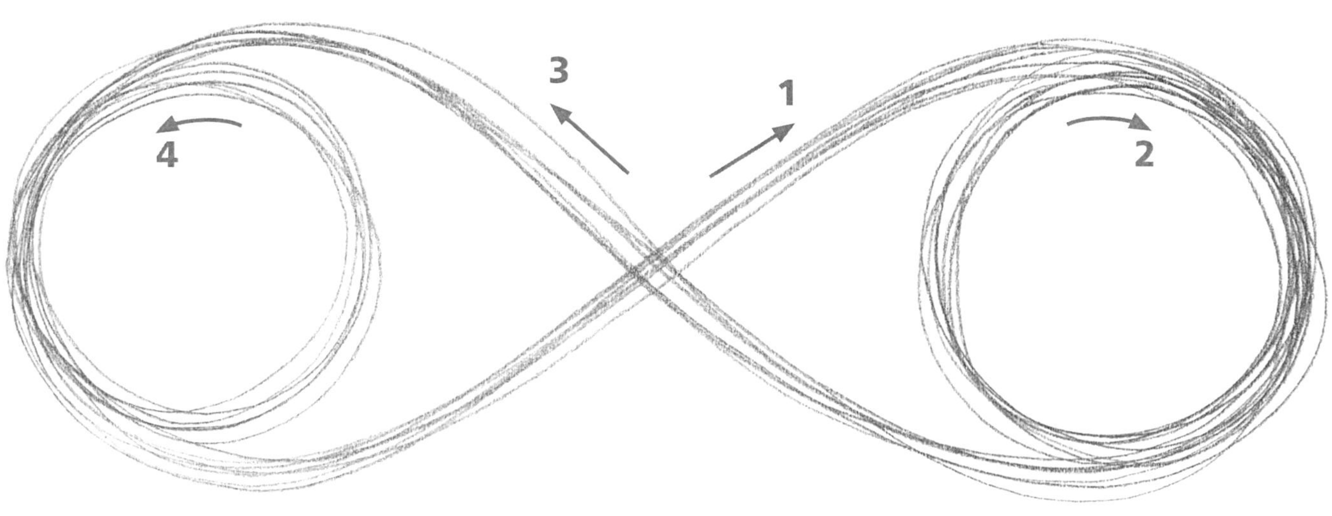

1 2 3 4
Achterbahn, bergab, bergauf,

1 2 3 4
immerfort, es hört nie auf.

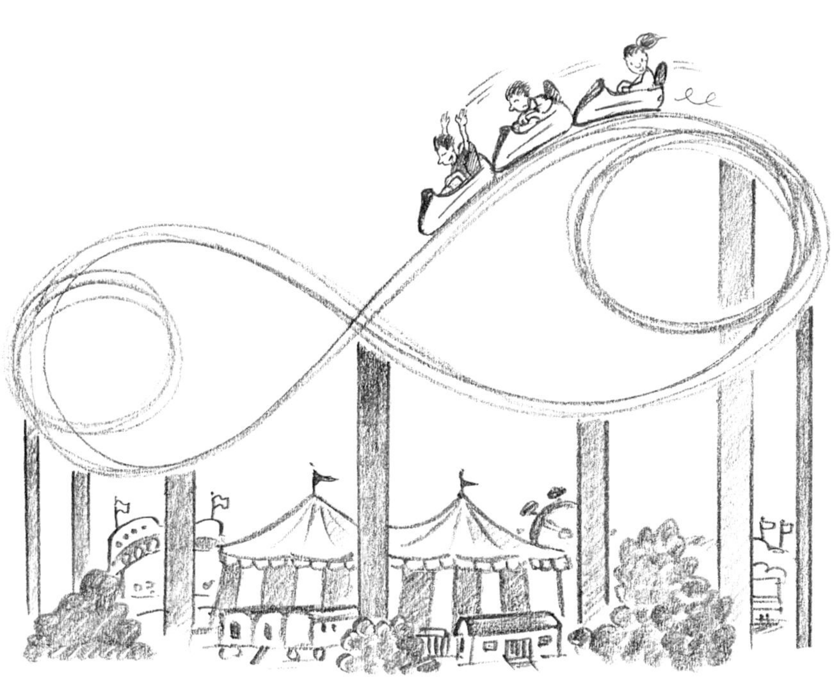

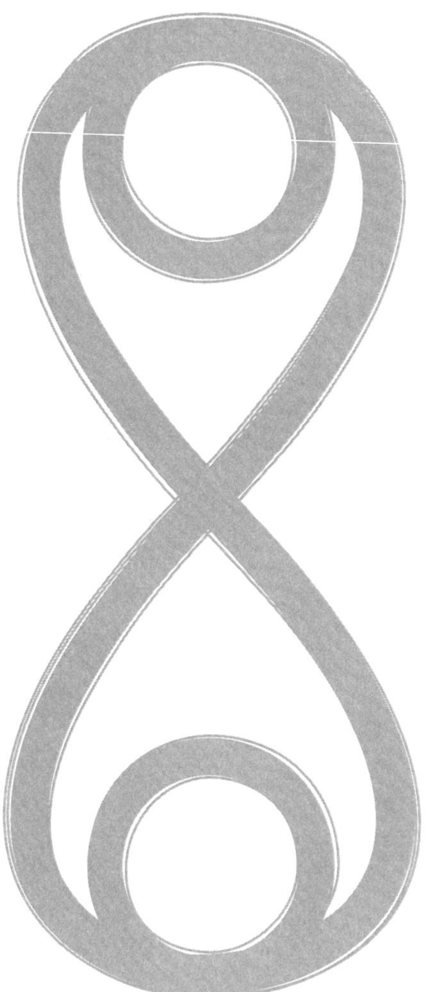

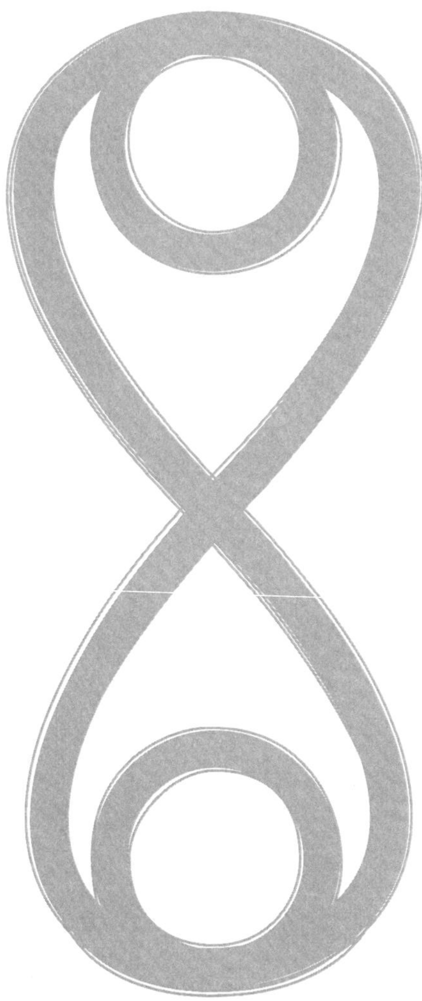

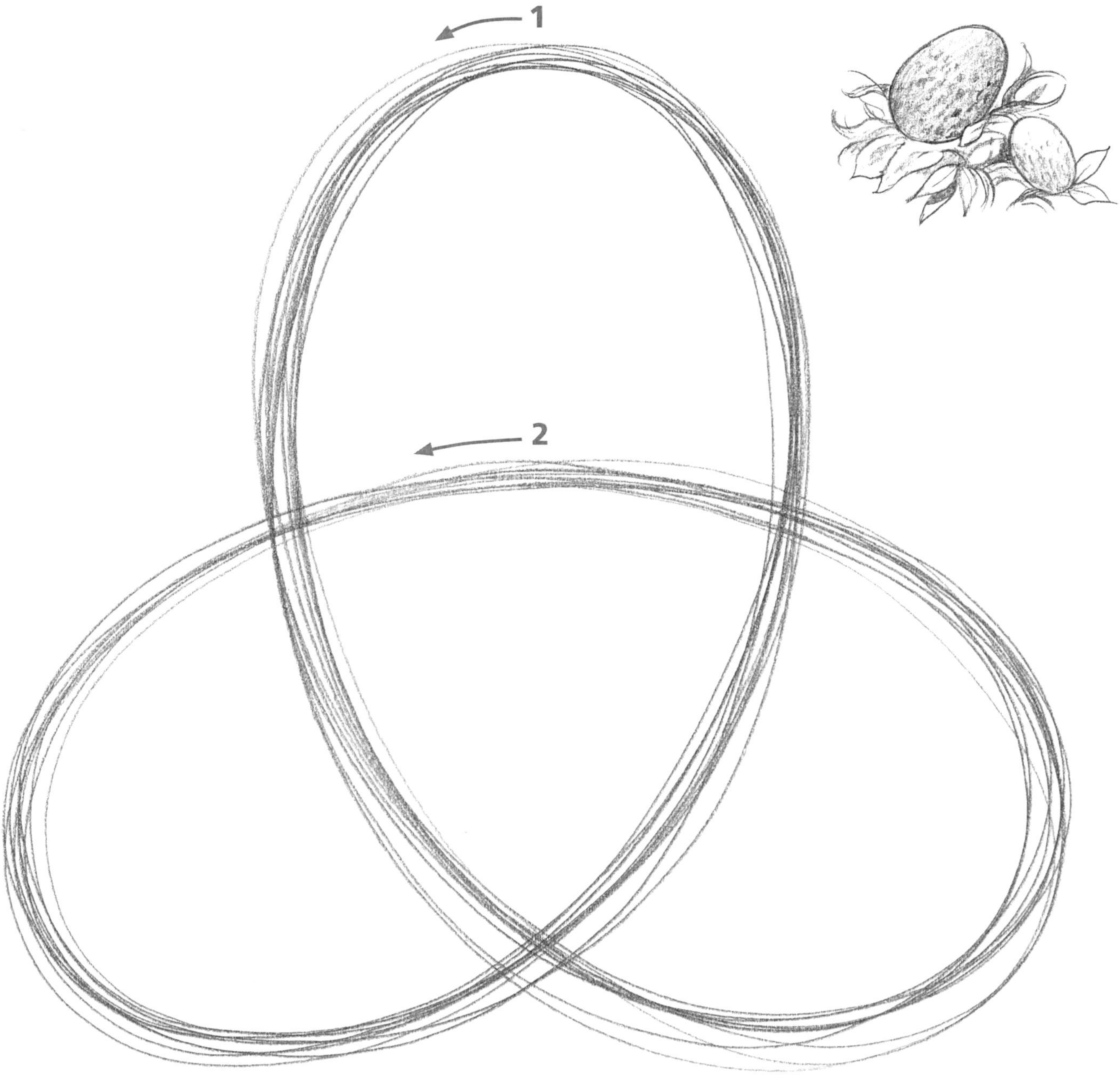

1 2 1 2
Eins zwei drei

1 2 1 2
Die Amsel legt ein Ei.

1 2 1 2
Der Kuckuck legt noch eins dazu.

1 2 1 2
Und jetzt hat der Kuckuck Ruh!

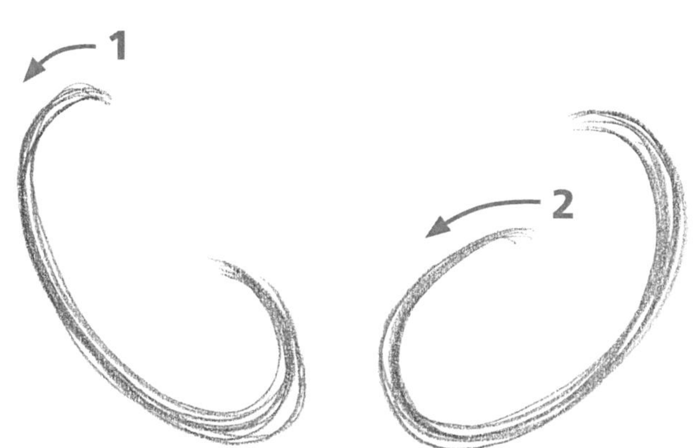

Übung 16 → S. 46

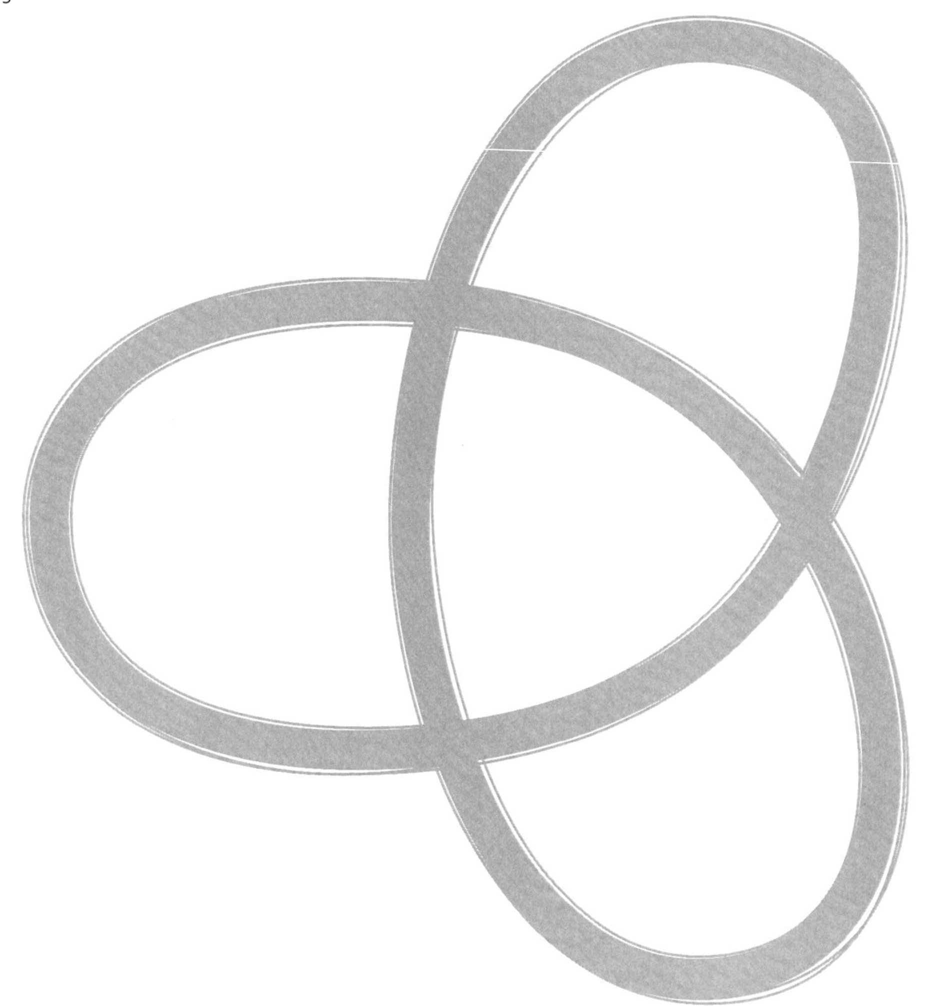

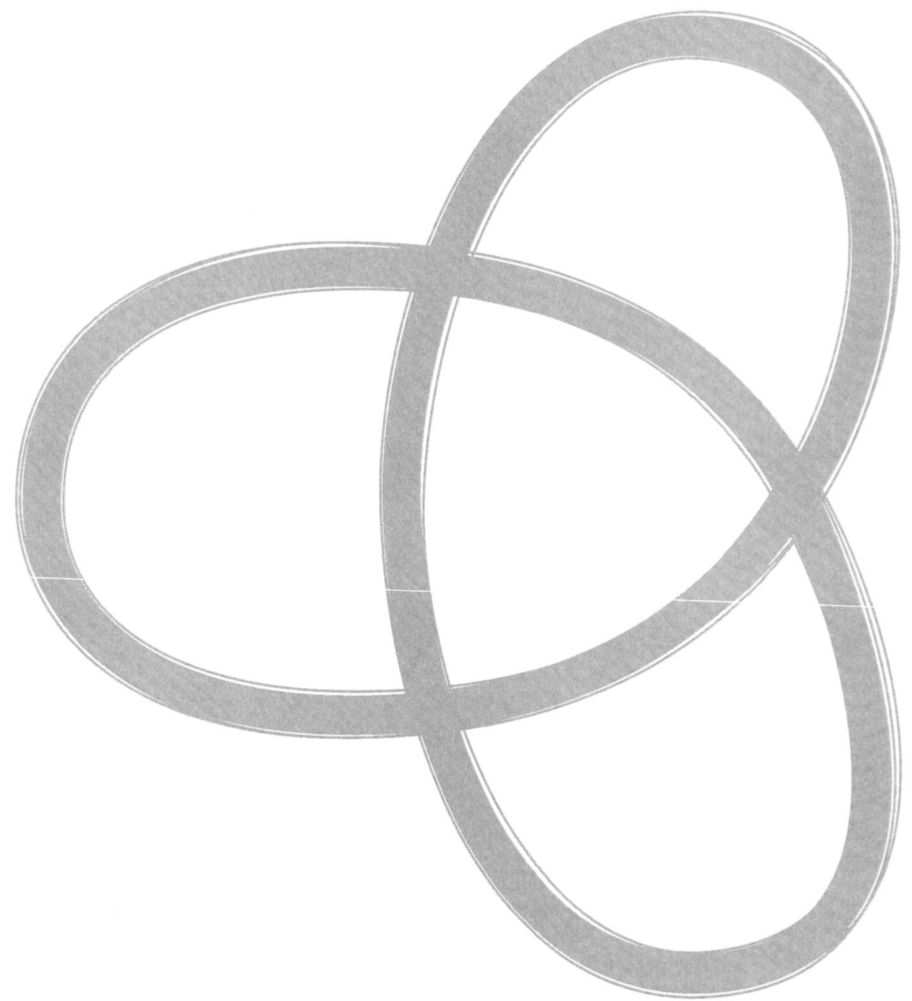

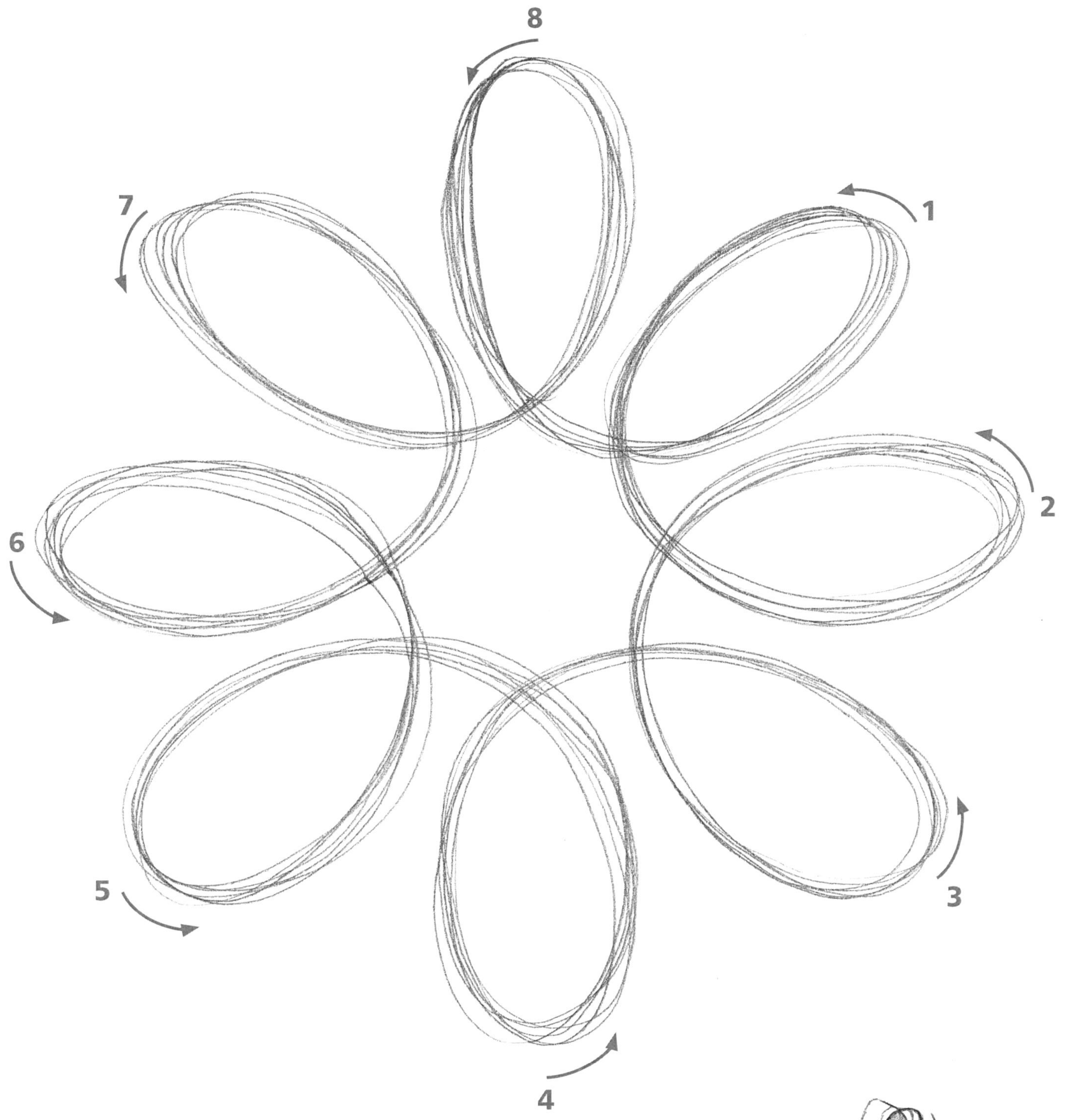

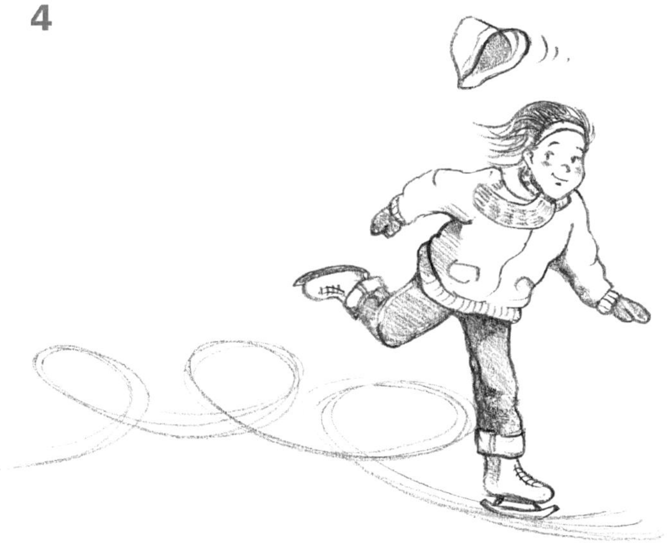

1 2 3 4
Schlittschuh laufen ist so schön!

5 6 7 8
Kann ich lange Bogen drehn.

1 2 3 4
Bogen hier und Bogen dort.

5 6 7 8
Und schon fliegt mein Hütchen fort!

Übung 17 → S. 48

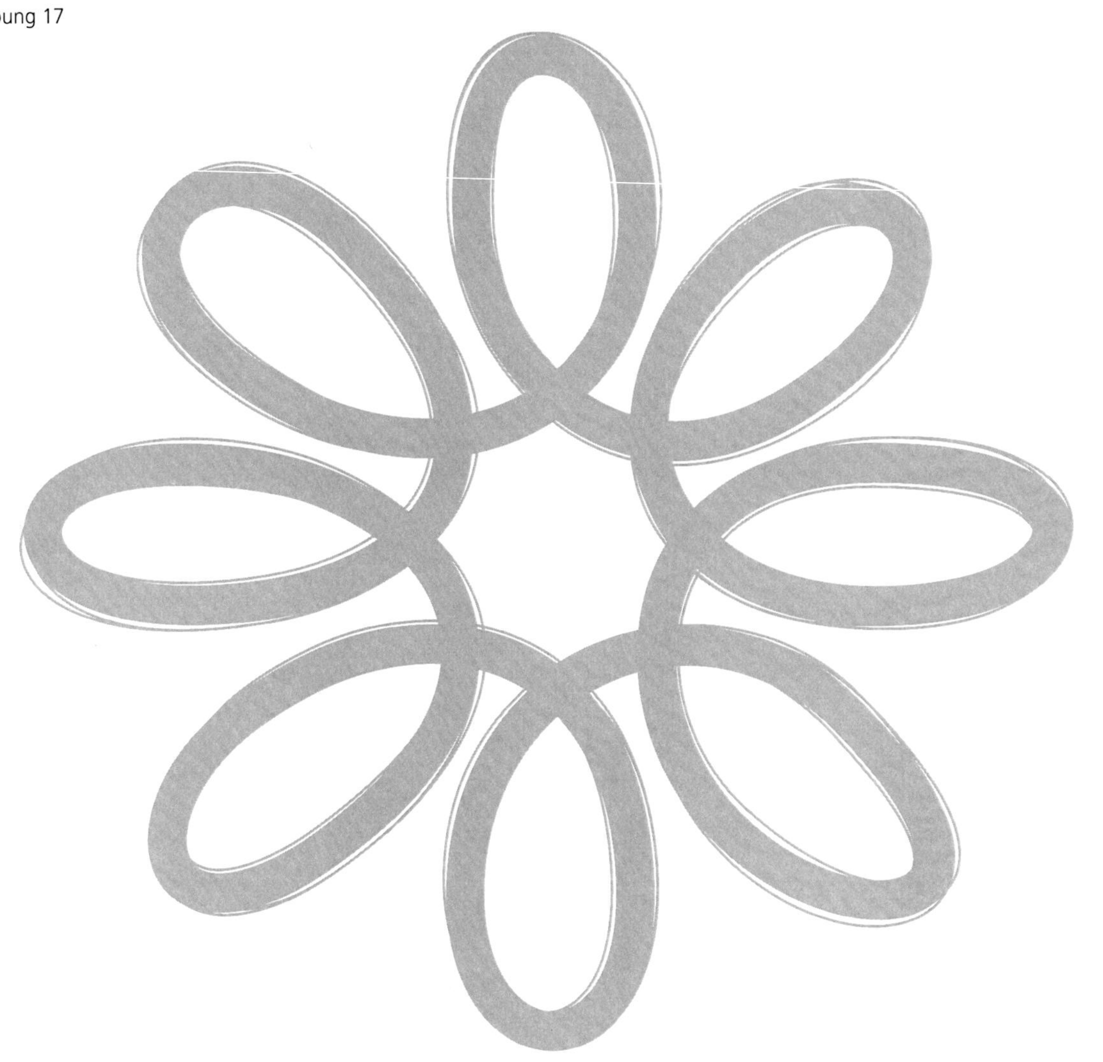

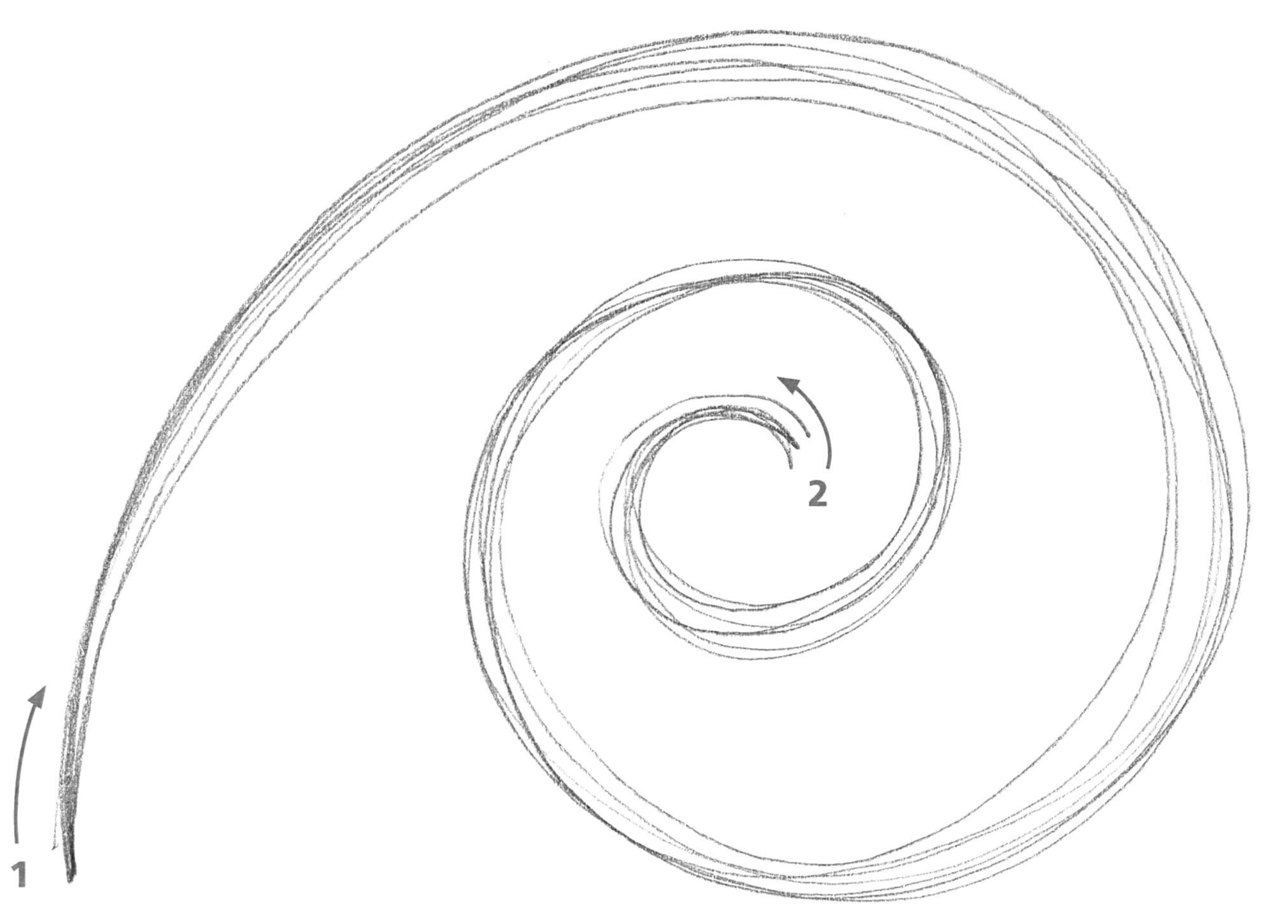

1
Frau Schnecke sagt zur Maus:

2
„Was ist das für ein Graus,

1
ich halt es nicht mehr aus

2
in diesem engen Haus!“

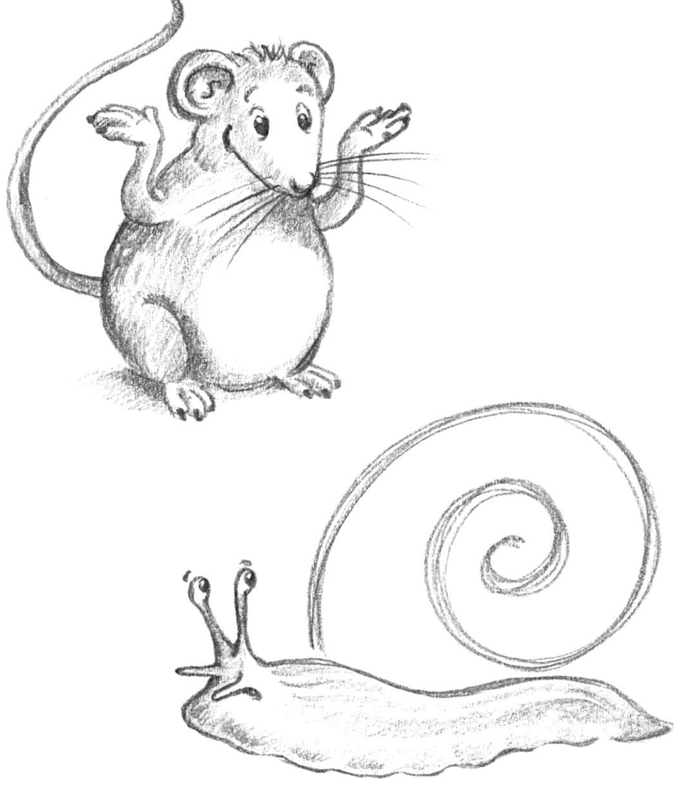

1
„Ach was“, spricht da Frau Maus,

2
„warum wollt ihr denn raus

1
aus eurem schönen Haus?

2
Für sich allein ein Haus,

1
das hat kaum eine Maus.“

Übung 18 ➔ S. 50

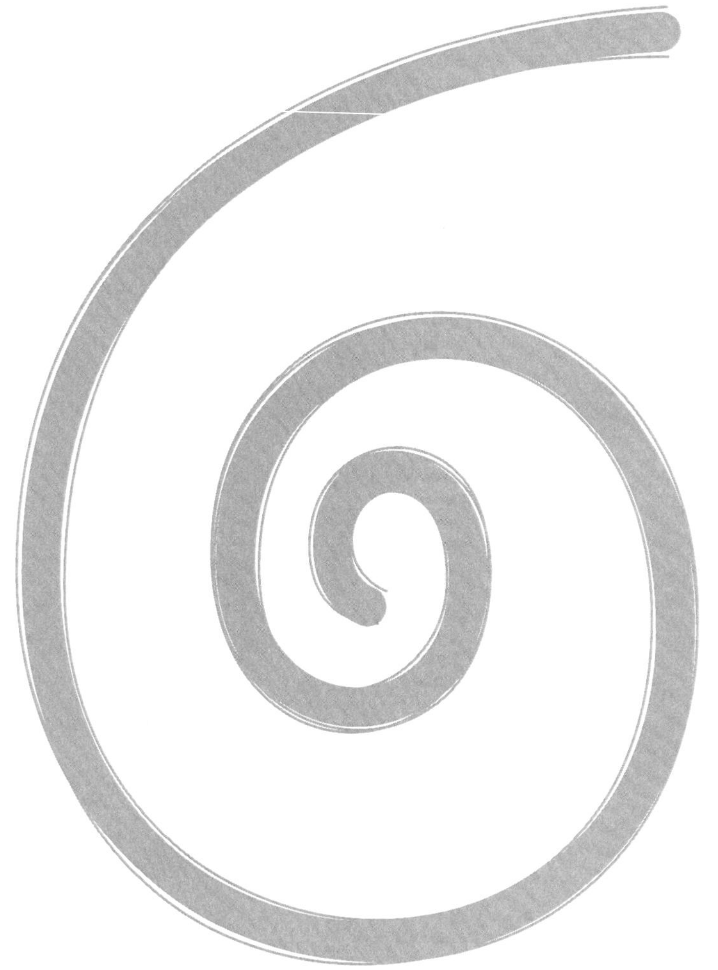

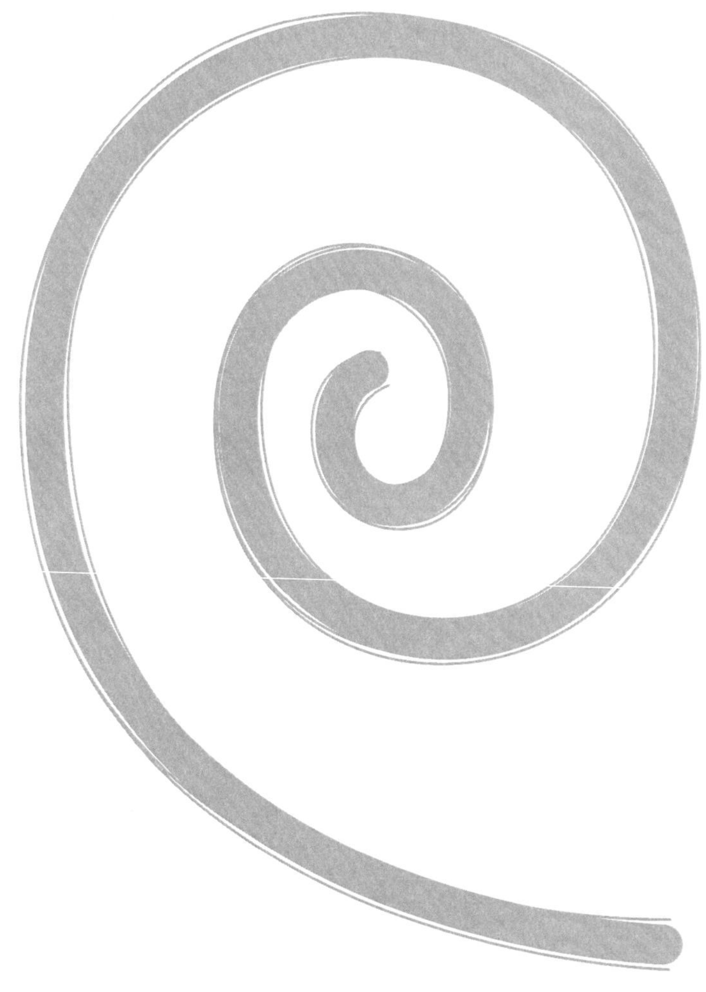

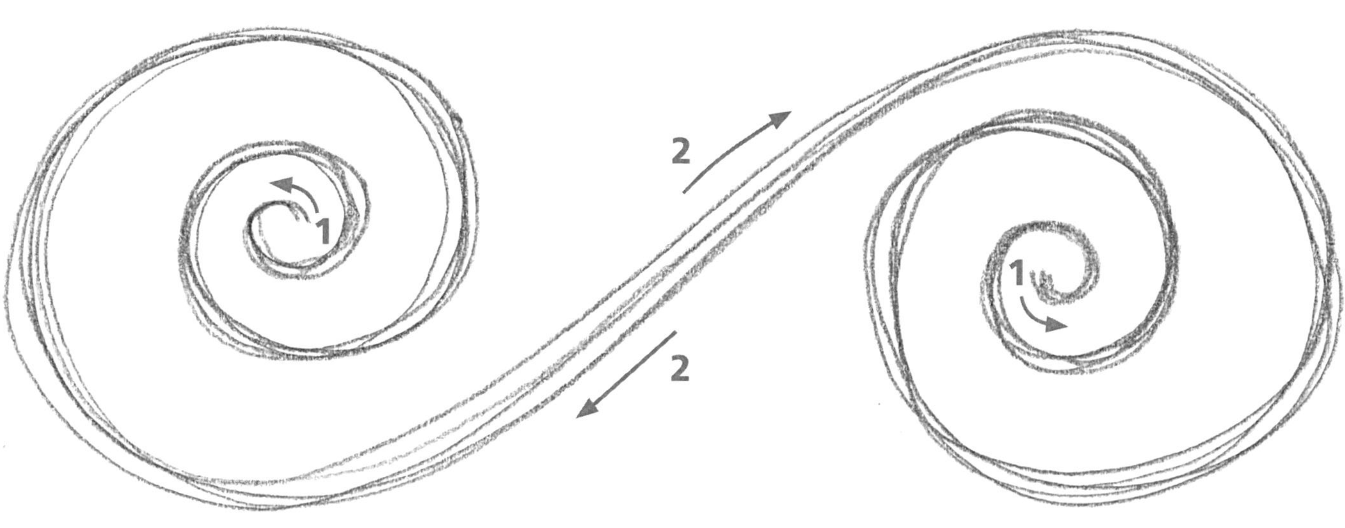

1
Esel fressen Nesseln nicht.

2
Nesseln fressen Esel nicht.

1
Schneiderscheren schneiden scharf.

2
Scharf schneiden Schneiderscheren.

1
Fischers Fritz fischt frische Fische.

2
Frische Fische fischt Fischers Fritz.

Übung 19 → S. 52

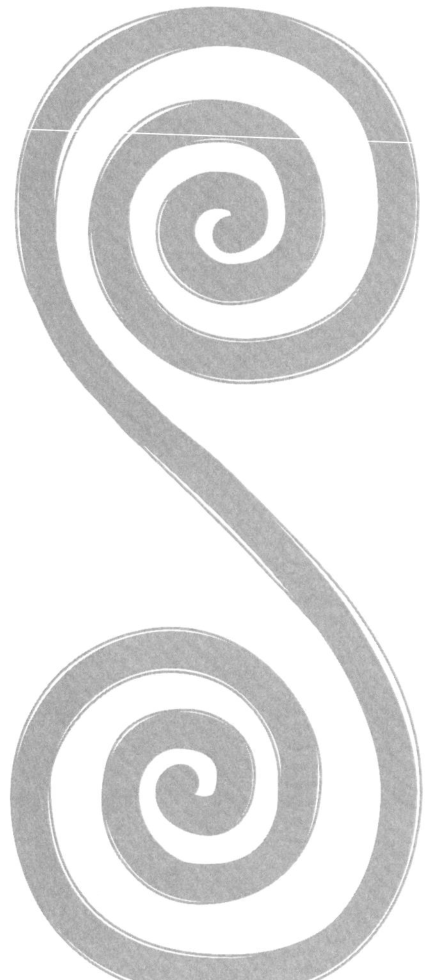

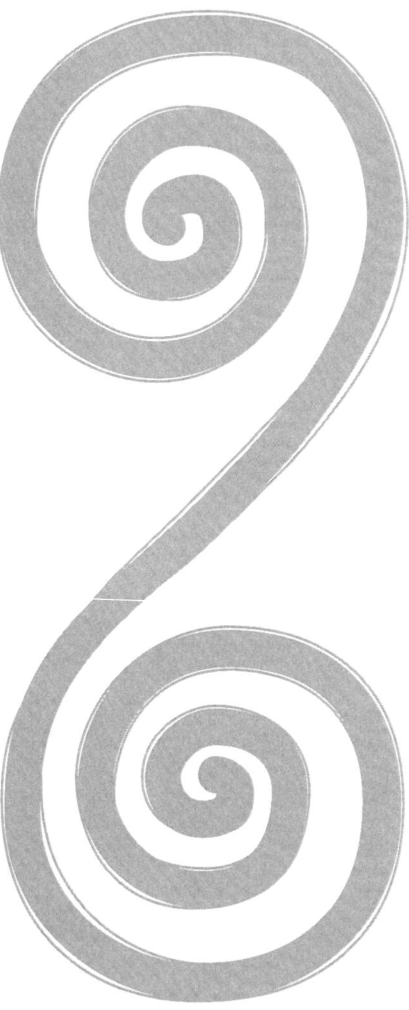

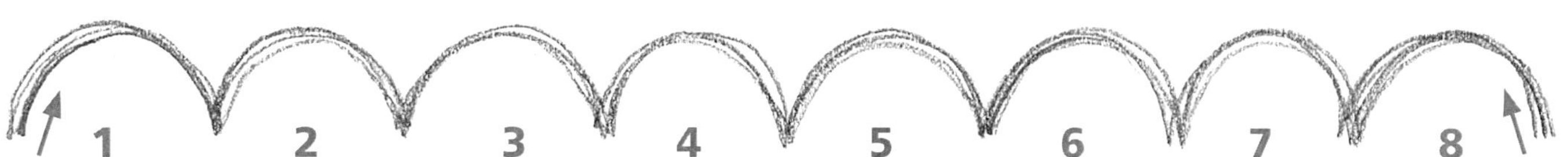

1 2 3 4
Komm wir wollen wandern,

5 6 7 8
von einer Stadt zur andern.

8 7 6 5
Und wenn es nicht mehr weiter geht,

4 3 2 1
so kehrn wir wieder um.

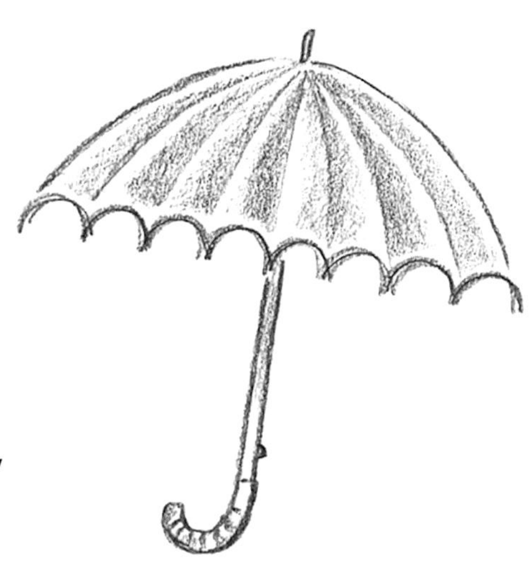

1 2 3 4
Regen, Regen, rinne.

5 6 7 8
Im Wasser schwimmt die Spinne.

8 7 6 5
Im Wasser schwimmt ein alter Hut,

4 3 2 1
das ist für die Spinne gut!

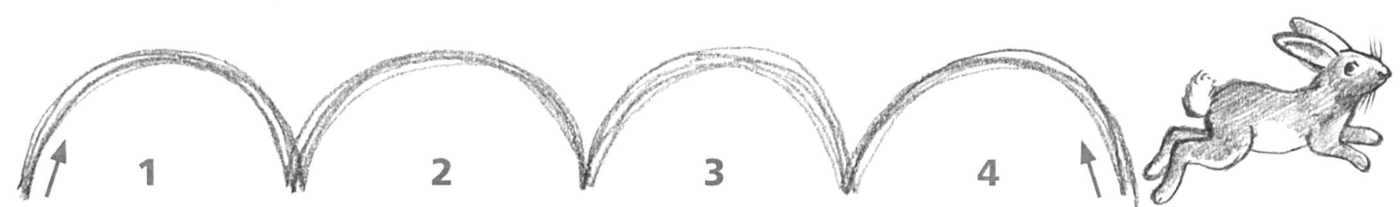

1 2 3 4
Eins zwei drei,

4 3 2 1
wer hoppelt hier vorbei?

1 2 3 4
Der Hase bringt ein Osterei

4 3 2 1
und nachher hat er wieder frei!

Übung 20 → S. 54

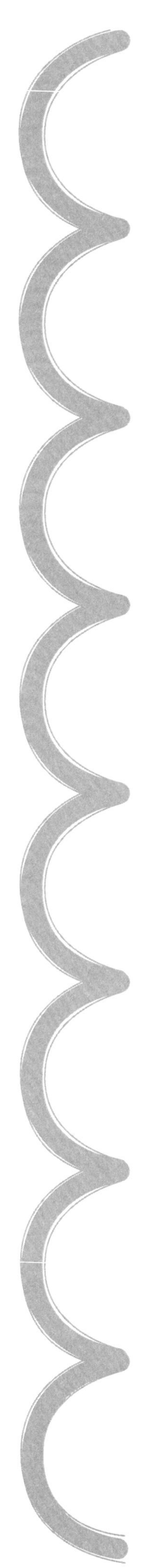

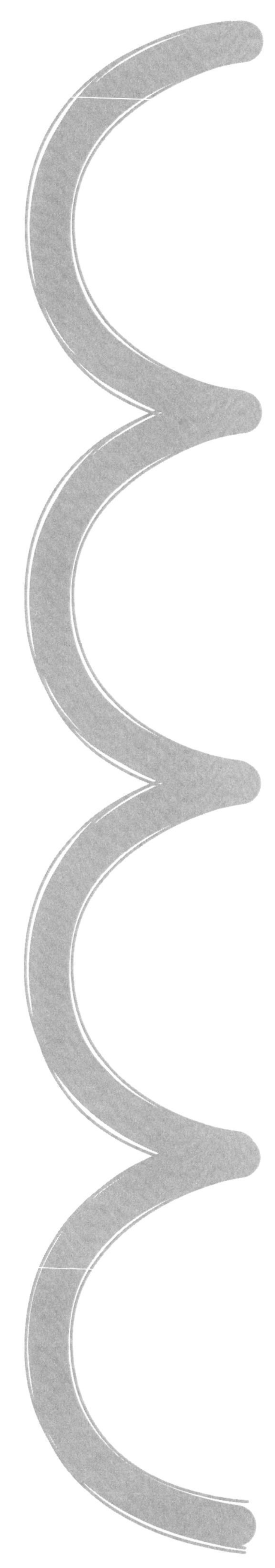

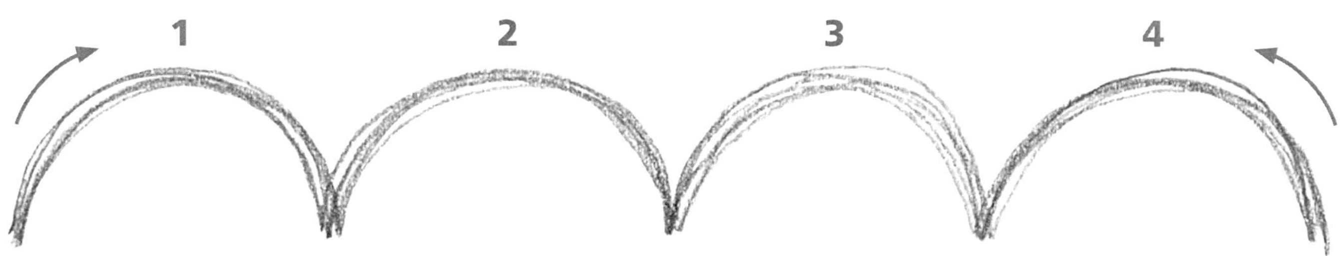

1 2 3 4
Wir rasen auf der Autobahn

4 3 2 1
und machen große Strecken.

1 2 3 4
Doch plötzlich geht ein Blinklicht an:

4 3 2 1
O je, wir bleiben stecken!

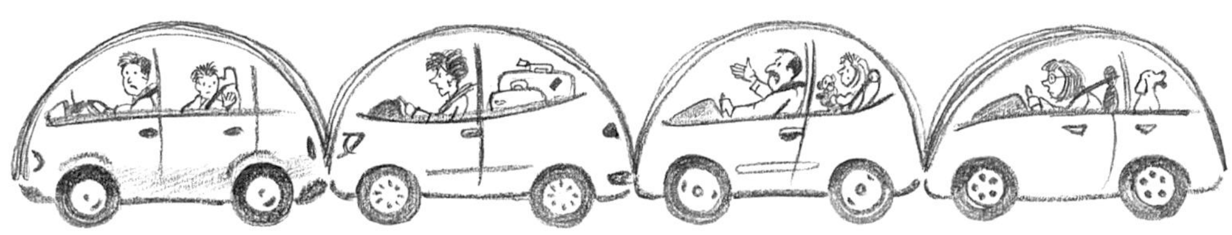

1 2 3 4
Jetzt fahrn wir nur noch meterweit.

4 3 2 1
Die Sonne brennt, der Tank ist leer.

1 2 3 4
Die Mutter stöhnt, der Bruder schreit,

4 3 2 1
zu Trinken gibt es auch nichts mehr.

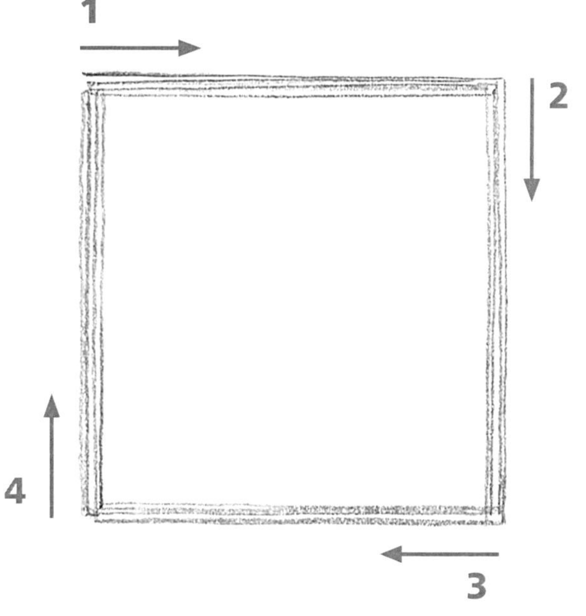

1 2 3 4
Der Rastplatz ist ein kühler Ort:

4 3 2 1
Wir trinken, essen, ruhen aus.

1 2 3 4
In Zukunft fahrn wir nicht mehr fort.

4 3 2 1
Schön ist es auch zu Haus!

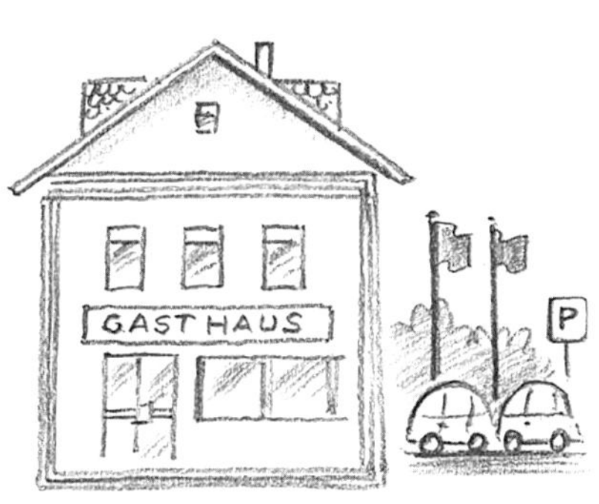

Übung 21 → S. 56

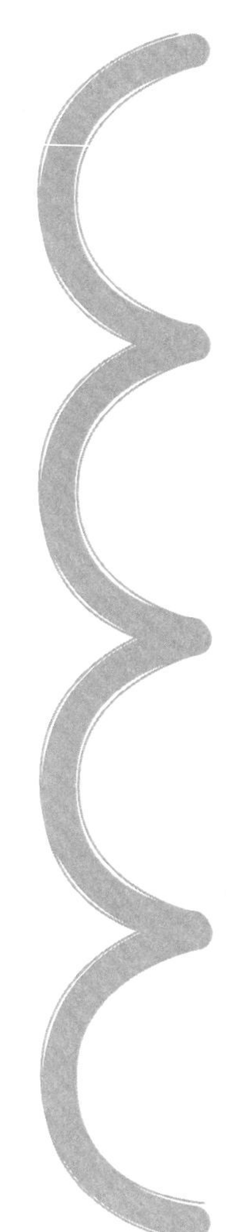

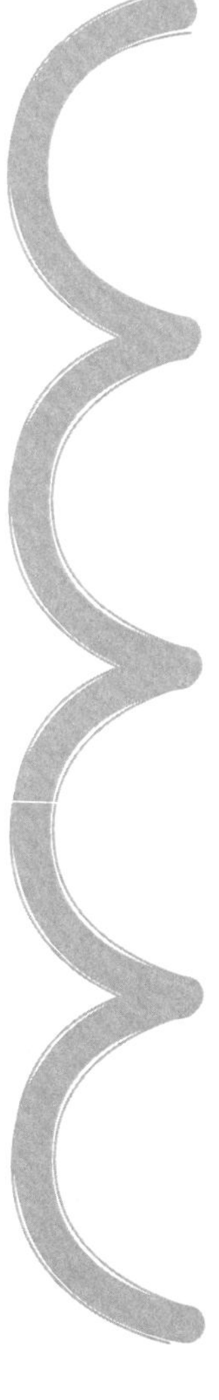

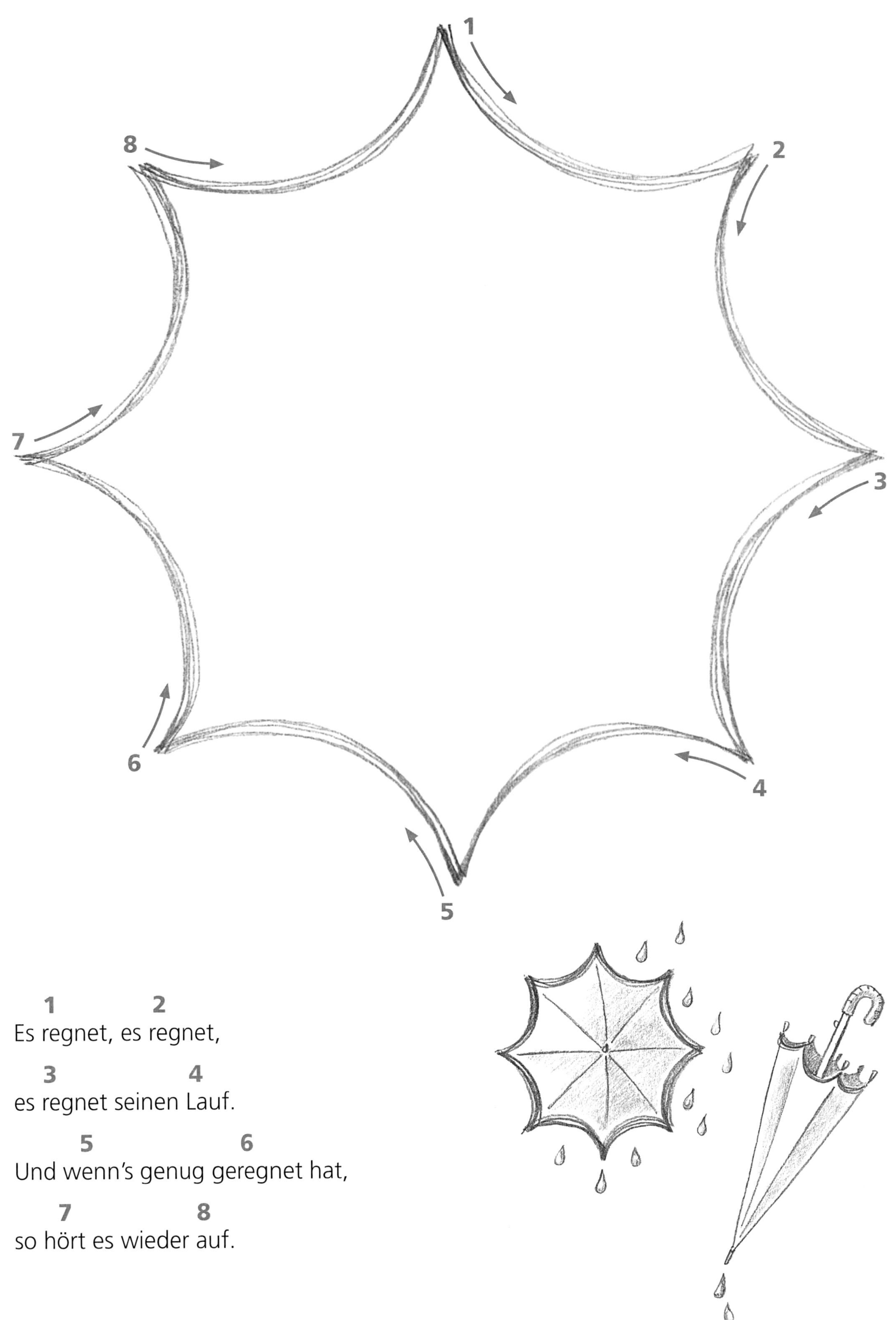

1 2
Es regnet, es regnet,

3 4
es regnet seinen Lauf.

5 6
Und wenn's genug geregnet hat,

7 8
so hört es wieder auf.

Übung 22 → S. 58

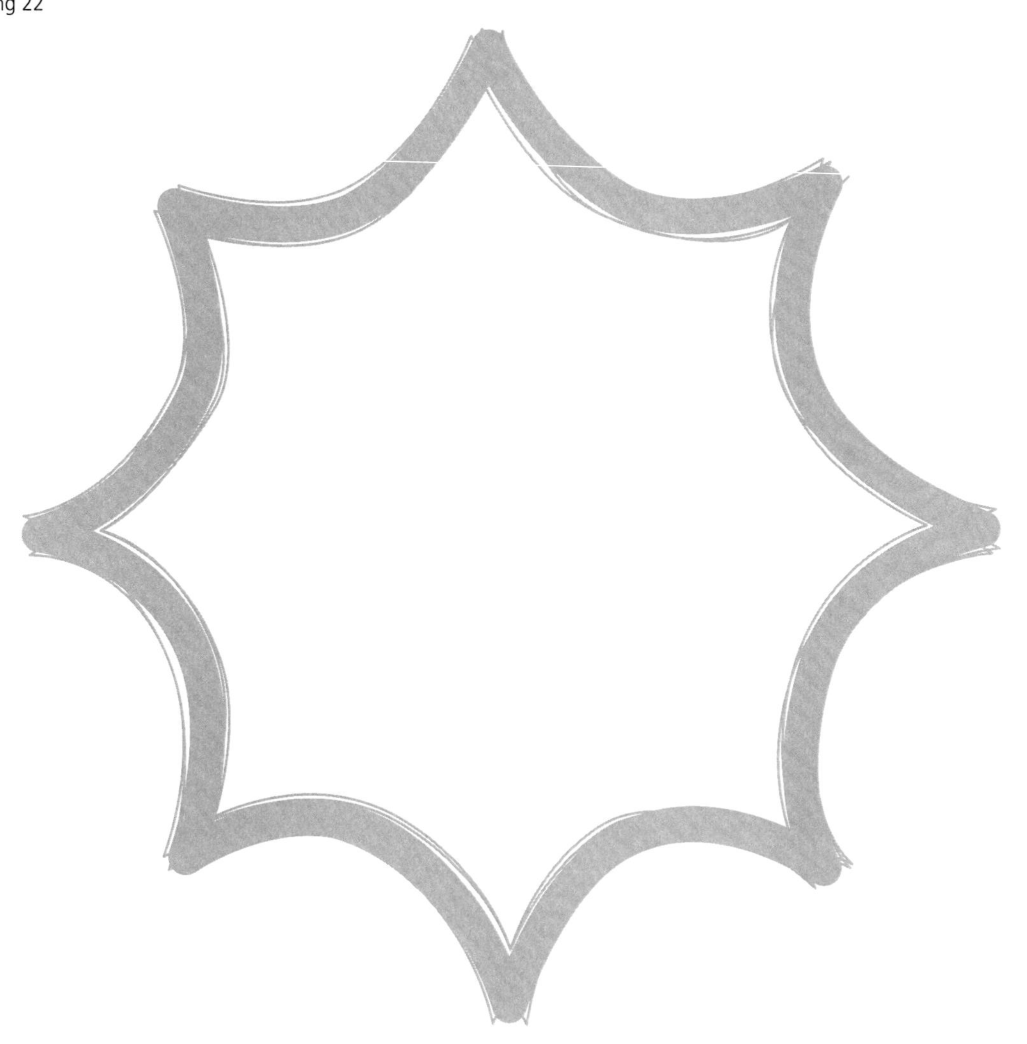

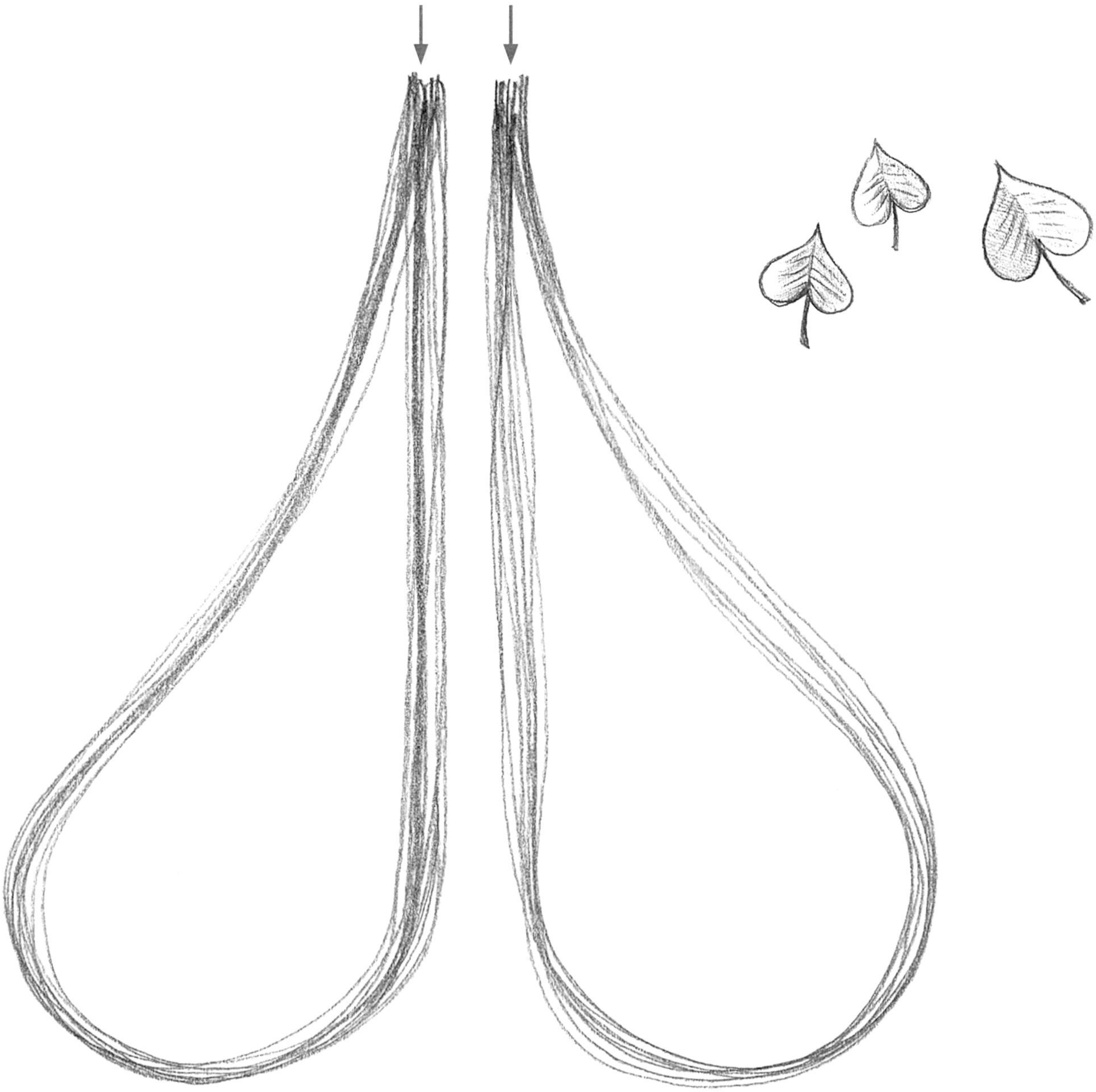

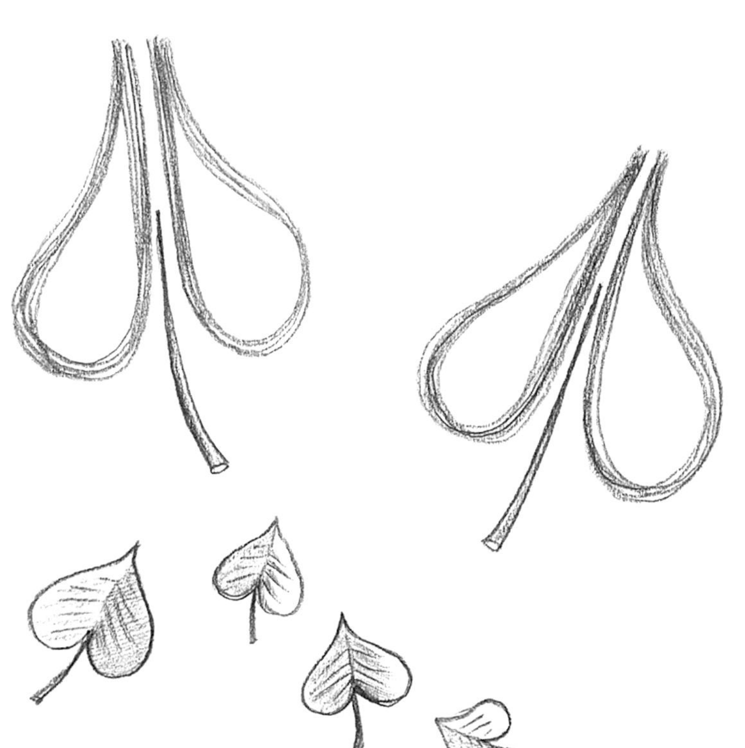

Tanzende Blätter im Wind,
Tanzende Blätter wir sind.
Es weht uns dahin,
es weht uns daher,
wir tragen am farbigen
Röcklein nicht schwer.

Übung 23 ➡ S. 60

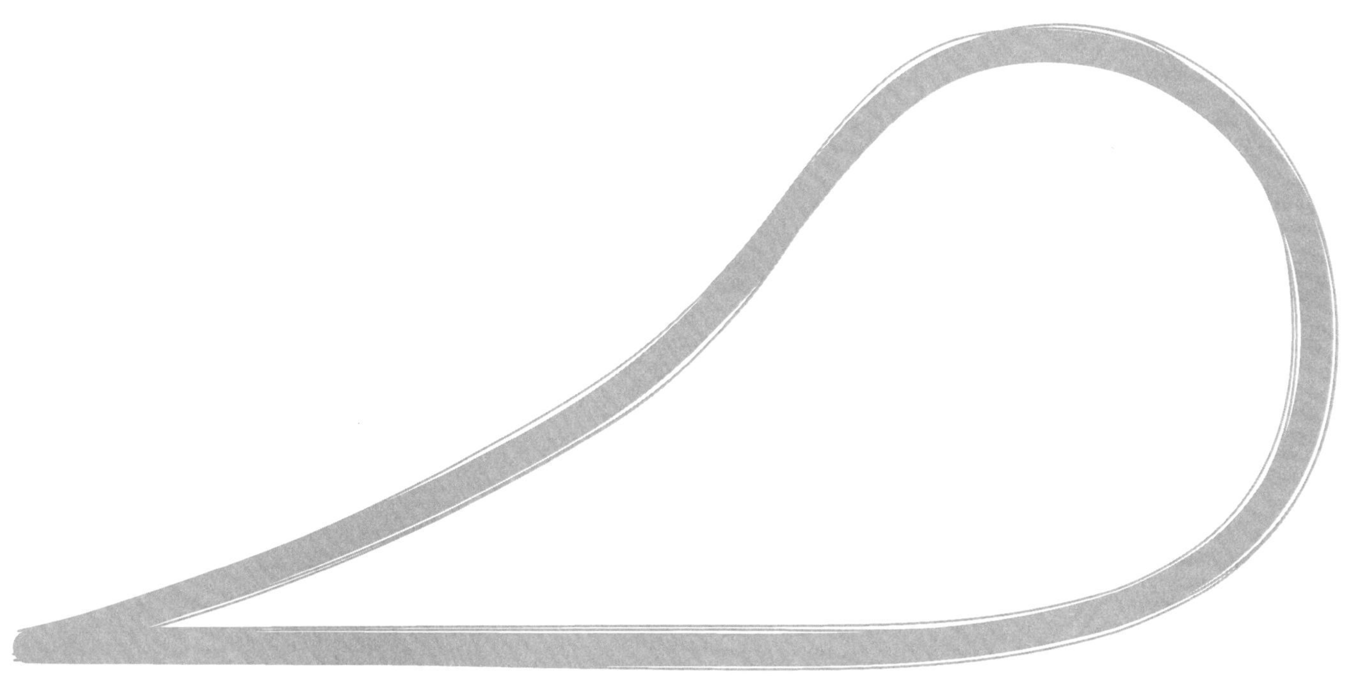

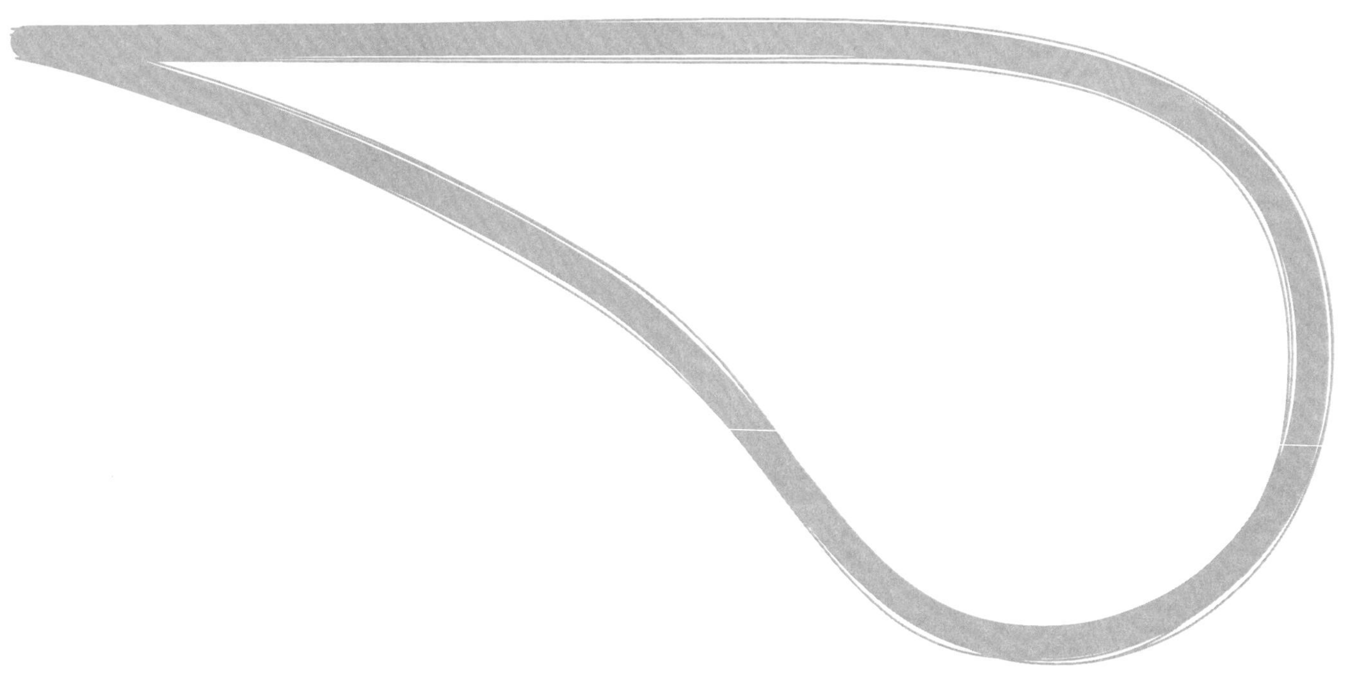

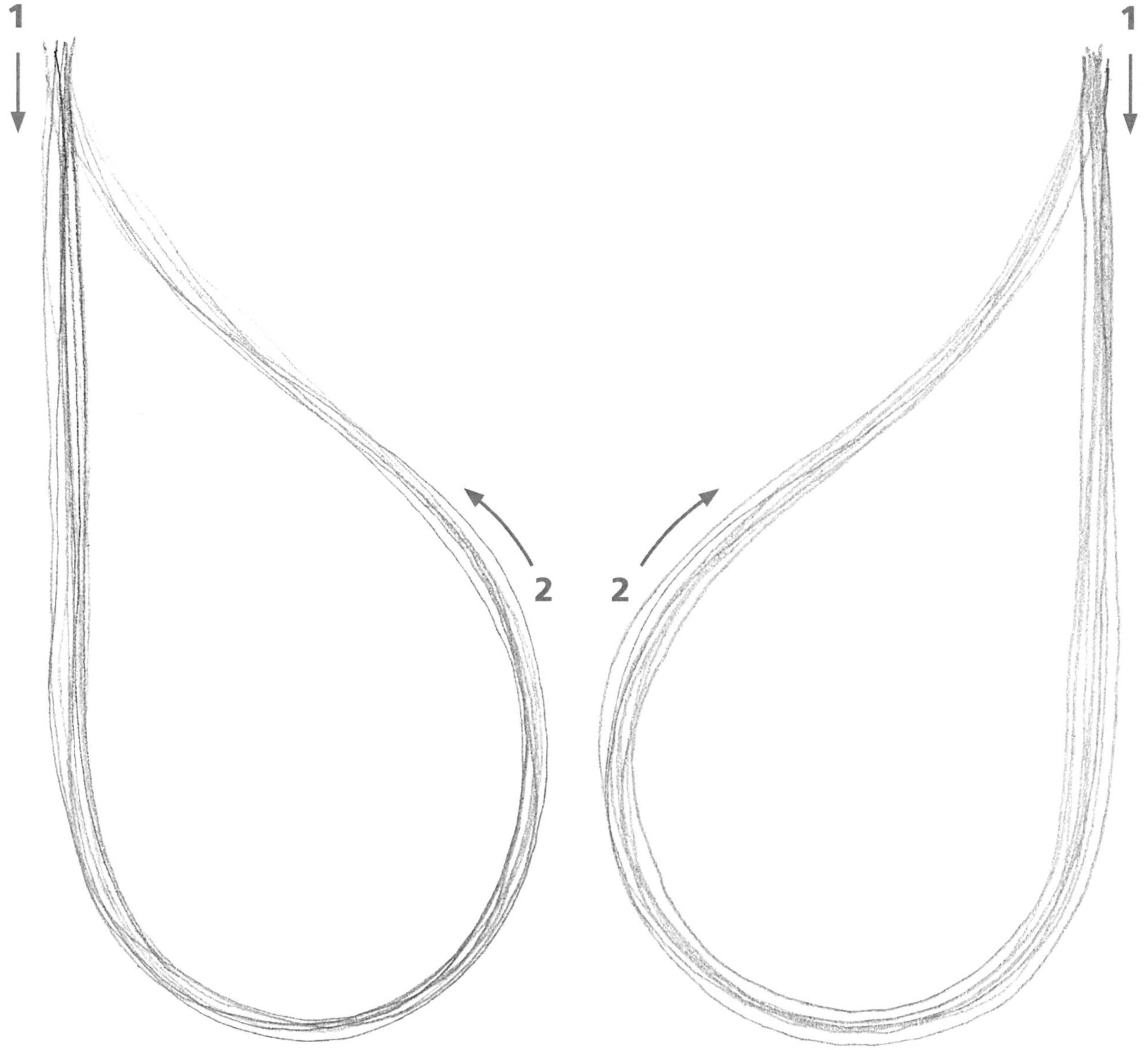

1 1

2 2

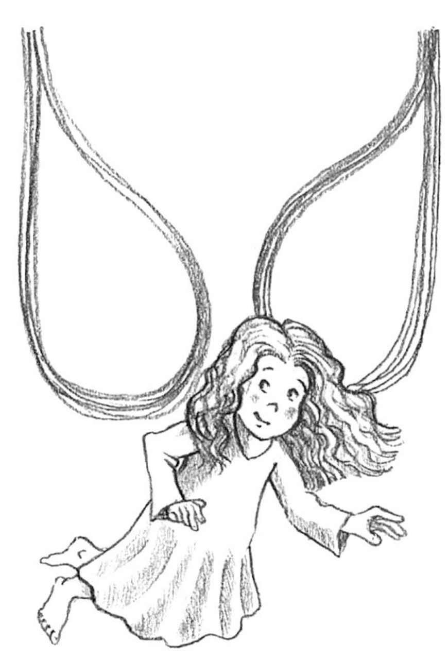

1 2
Mein Schatz ist kein Engel,

1 2
da bin ich sehr froh.

1 2
Denn ich bin auch keiner,

1 2
drum passt er mir so.

Übung 24 → S. 62

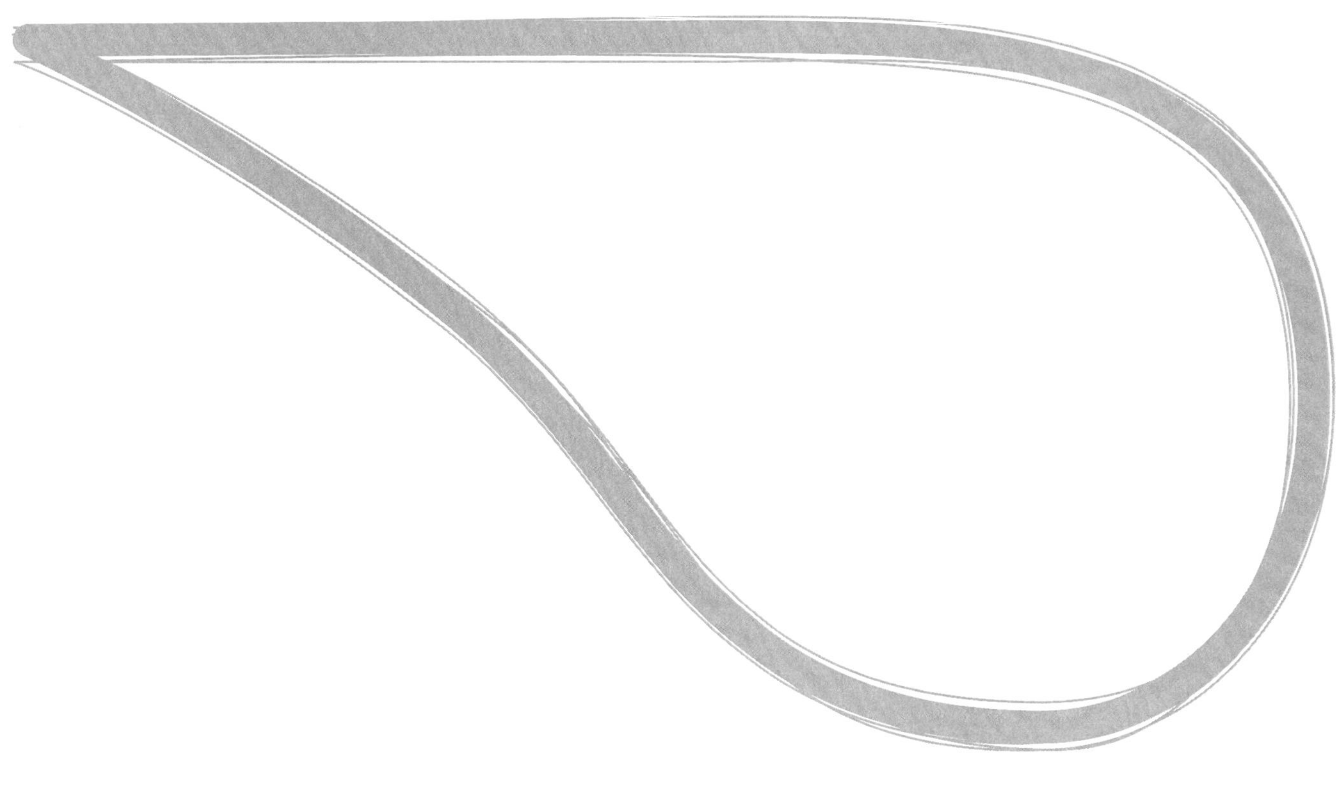

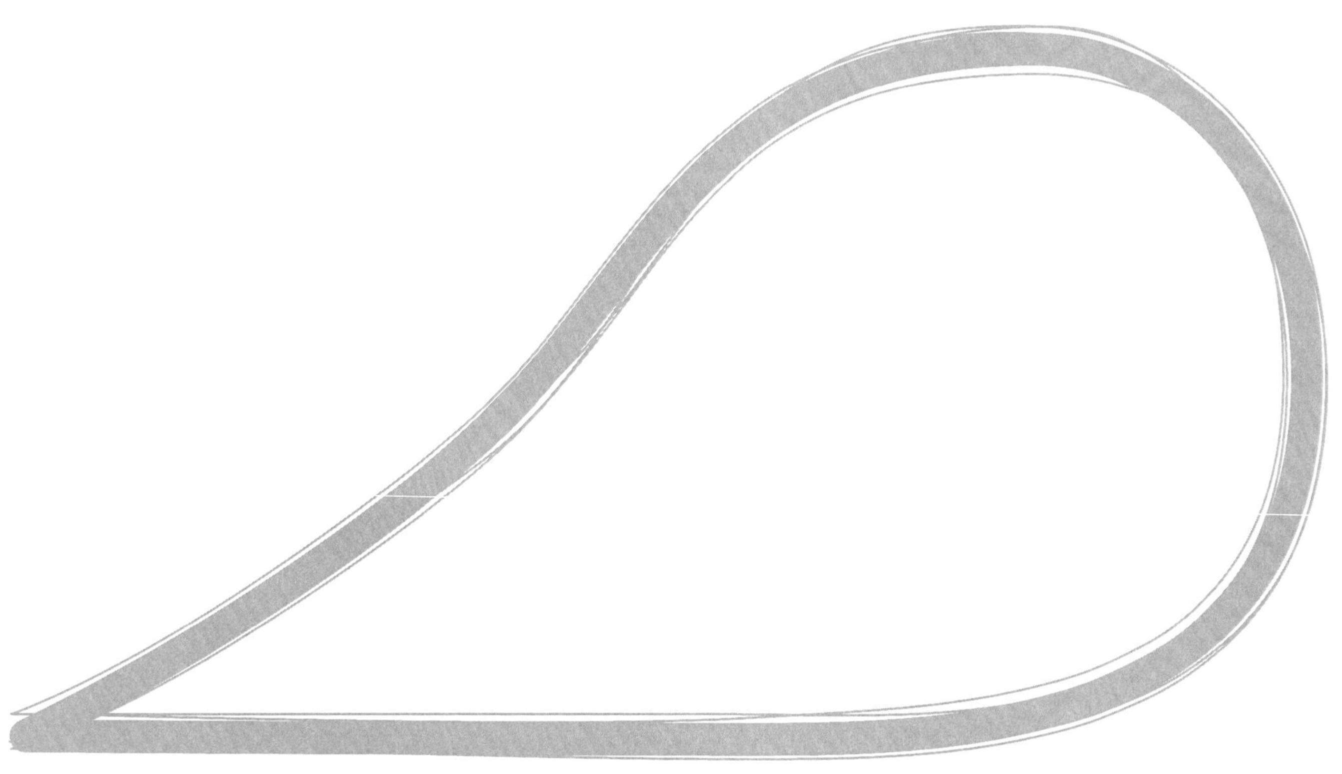

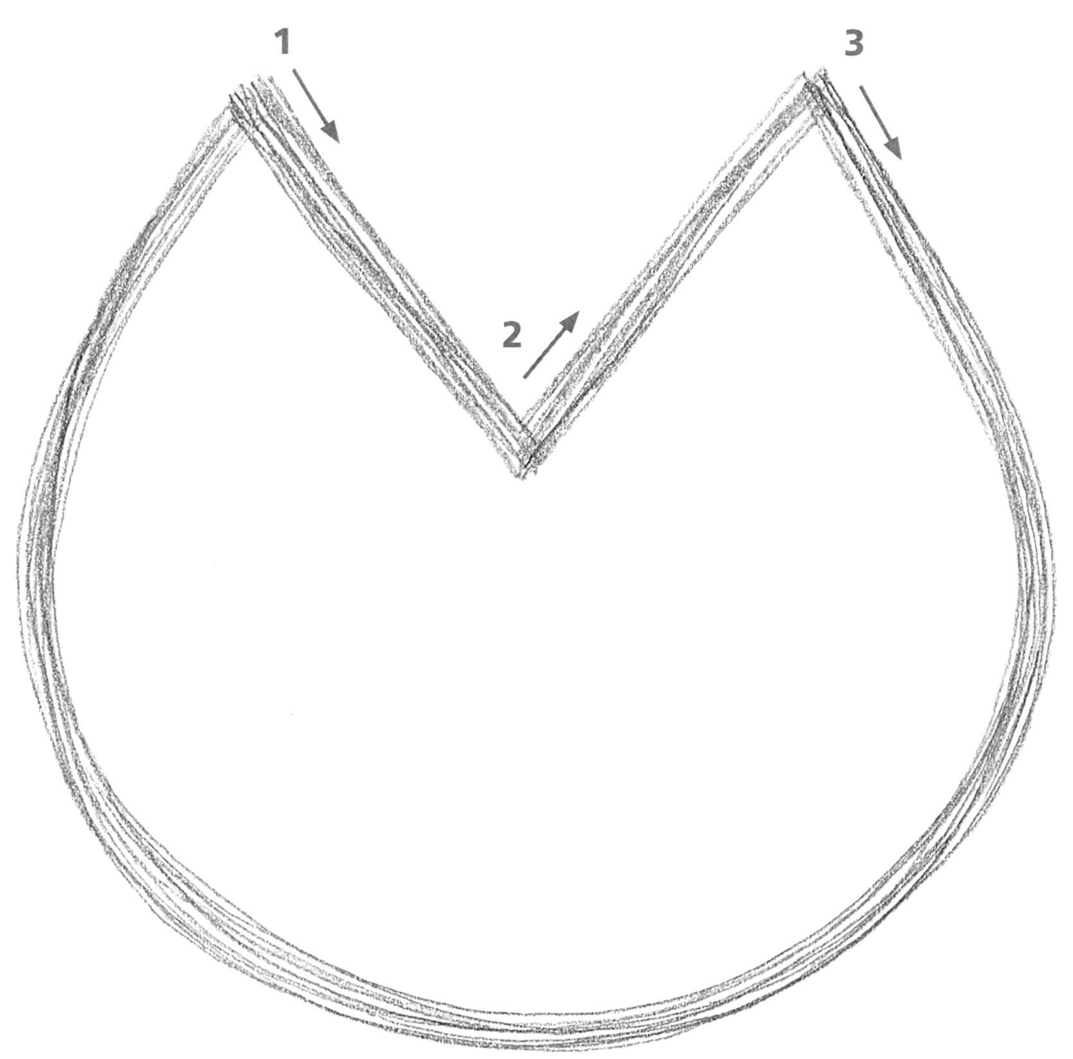

1 2 3
Unsre Katz war mal alleine,

1 2 3
unterdessen sind es acht!

1 2 3
Zweiunddreissig Katzenbeine,

1 2 3
wie hat sie das nur gemacht?

1 2 3
Heimlich, still, im Mondenscheine,

1 2 3
mitten in der kühlen Nacht,

1 2 3
hat sie neben einem Steine

1 2 3
Junge auf die Welt gebracht.

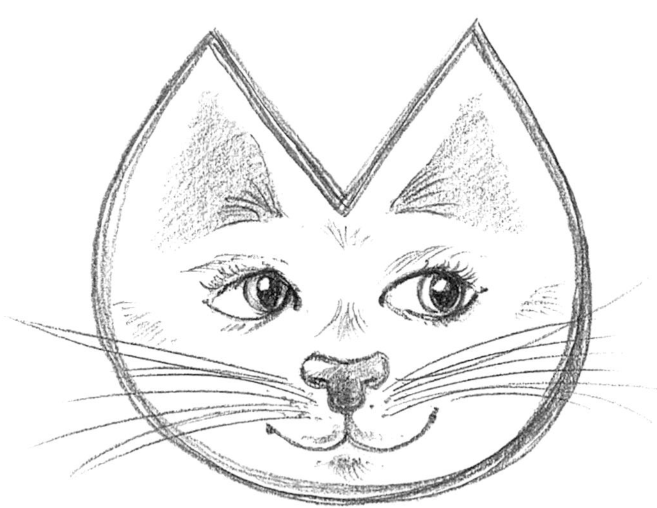

Übung 25 → S. 64

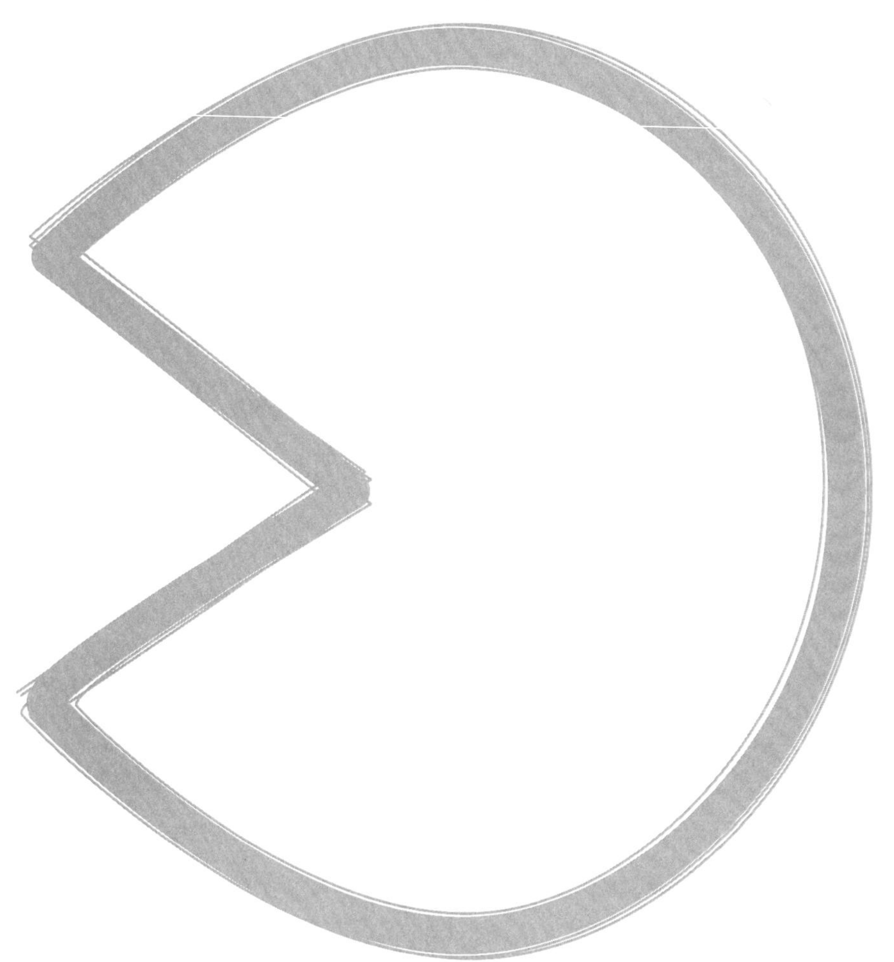

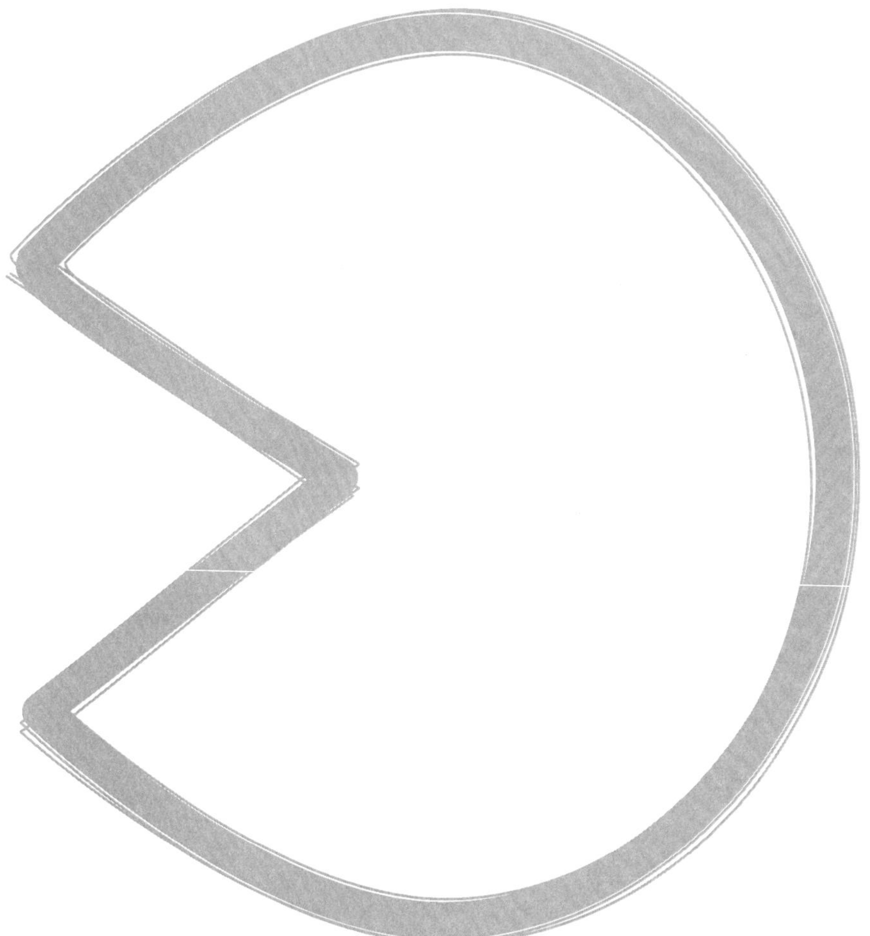

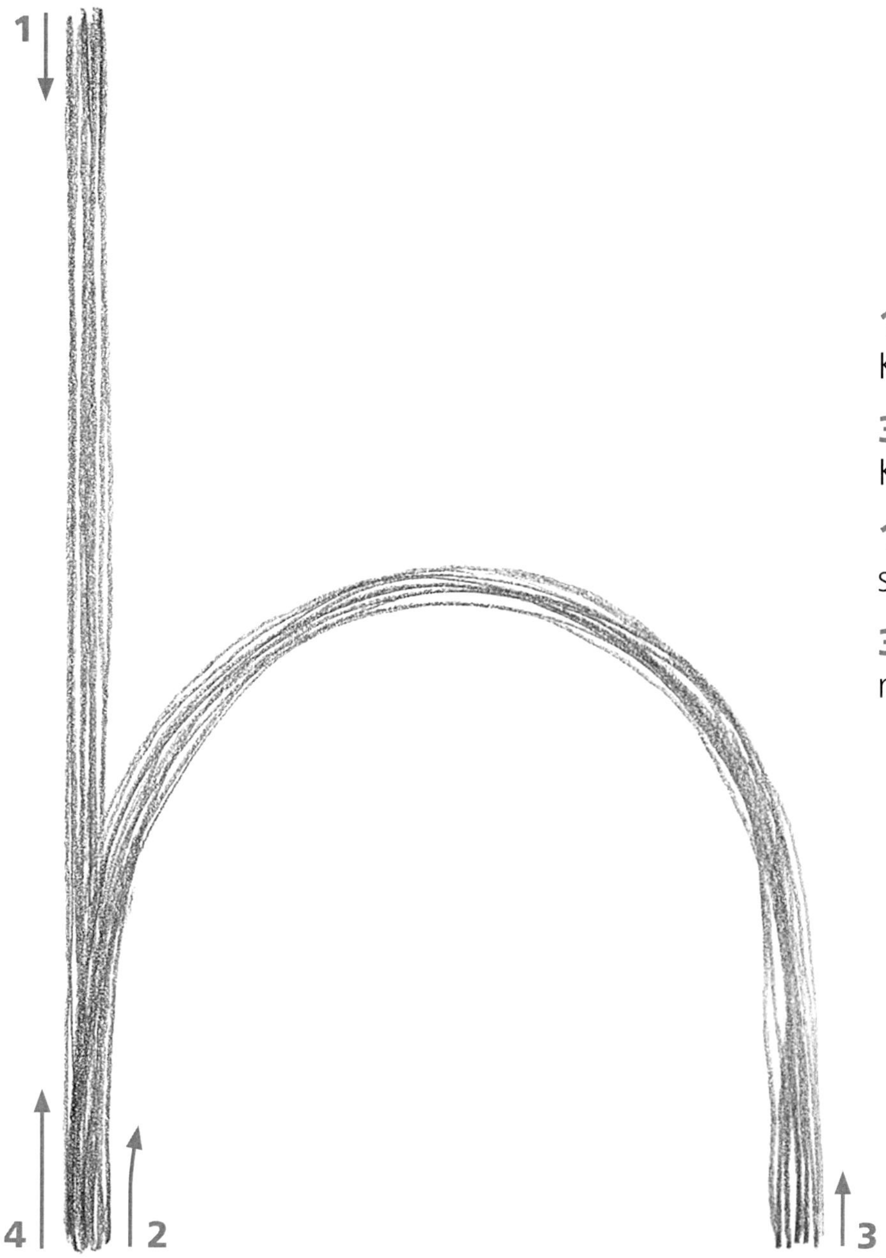

1 2
Katzentatze,

3 4
Katzenschwanz,

1 2
such die Katze,

3 4
mach sie ganz!

1 2 3 4
Liri lari loh

1 2 3 4
Das Kätzchen hat nen Floh.

1 2 3 4
Es beißt sich hier und kratzt sich dort

1 2 3 4
und kriegt den dummen Floh nicht fort.

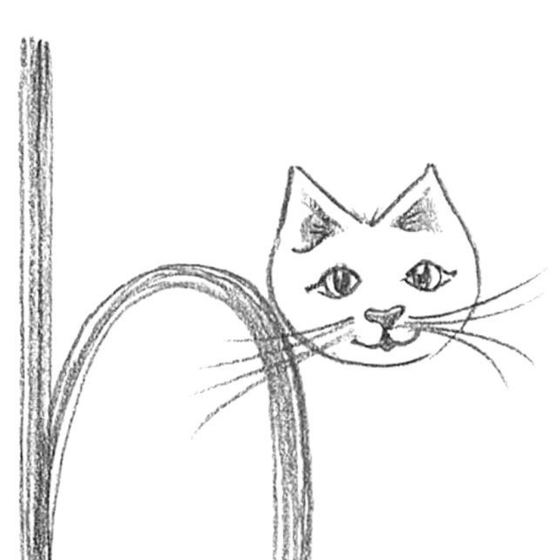

Übung 26 → S. 66

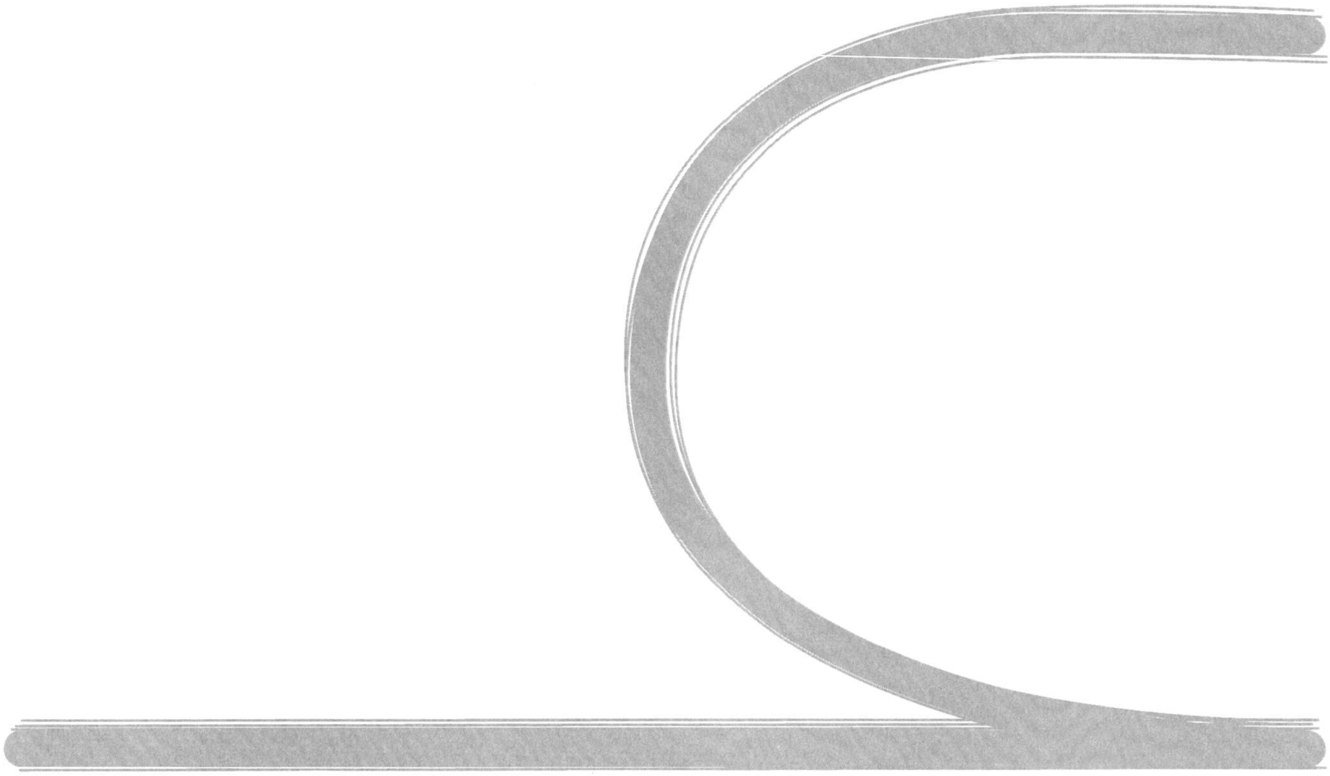

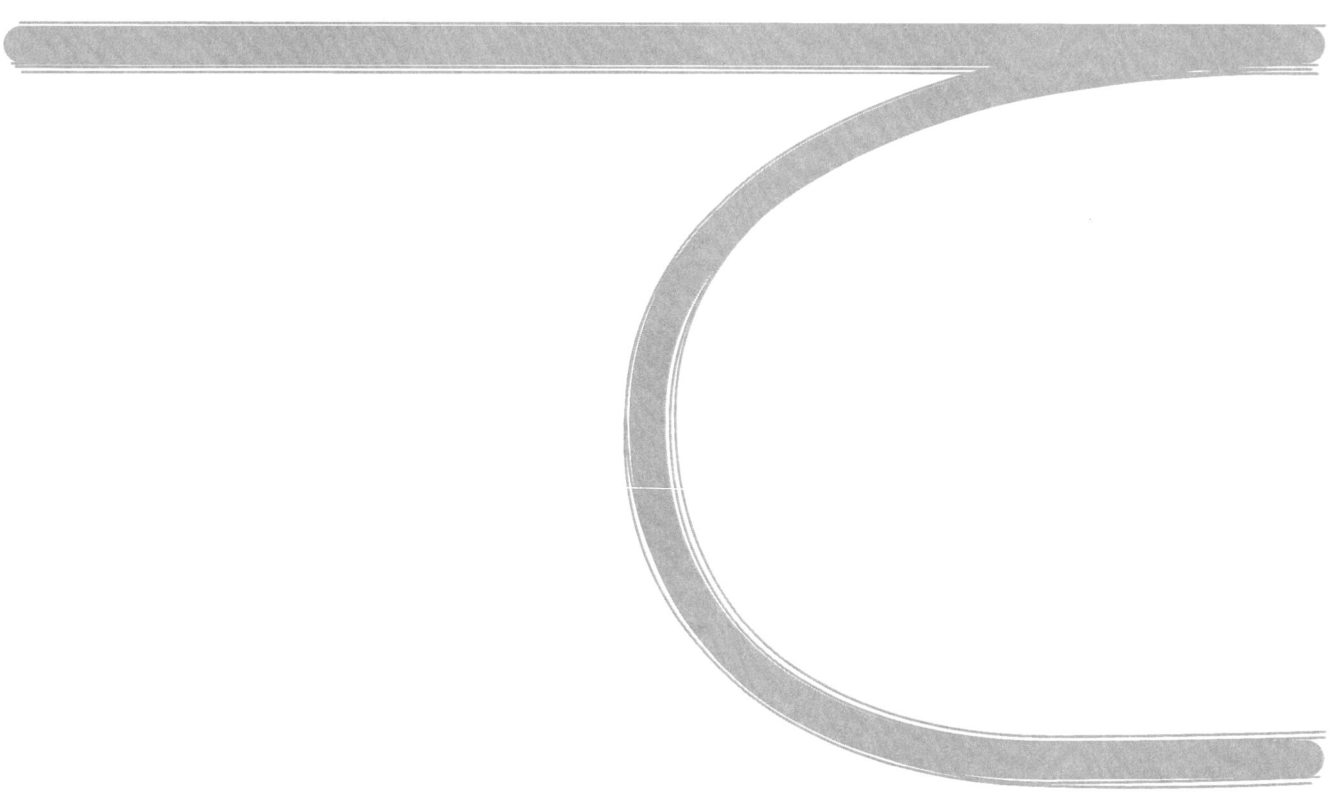

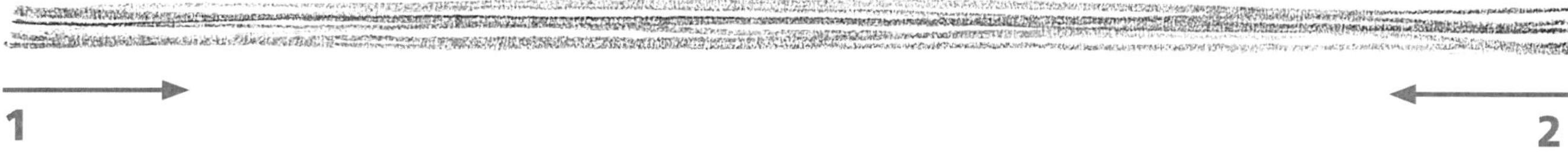

10 − 1 = 9

7 − 2 = 5

1 2 1 2
10 und 9 und 8 und 7.

1 2 1 2
Hab die Zahlen aufgeschrieben.

1 2 1 2
6 und 5 und nachher 4.

1 2 1 2
Das ist leicht, ich sag es dir.

1 2 1 2
3, 2, 1 und 0 dazu.

1 2 1 2
Rückwärts kann ich's auch, juhu!

Übung 27 → S. 68

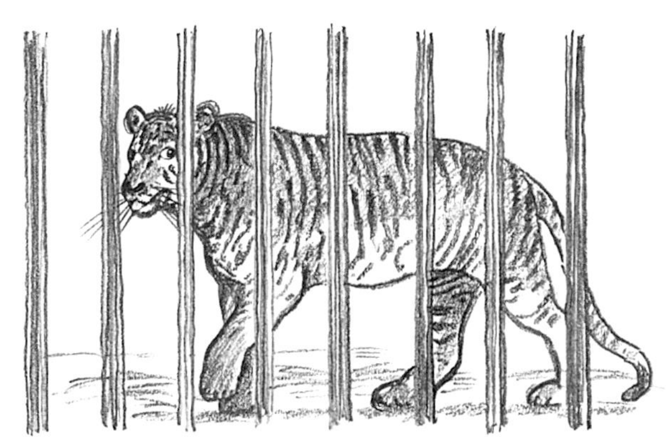

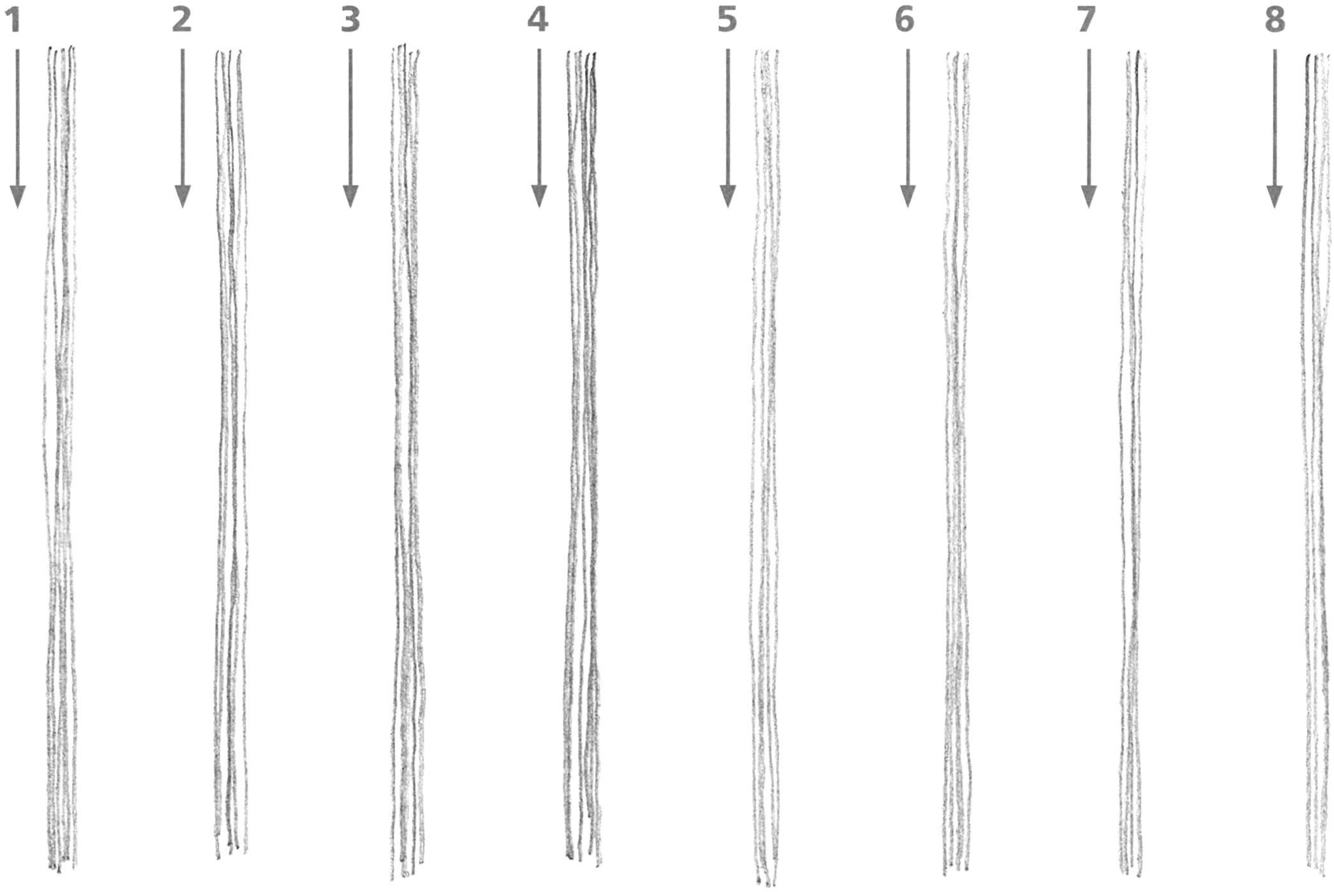

1 2 3 4 5 6 7 8

1 2
Der Tiger im Zoo

3 4
ist gar nicht so froh.

5 6
Er muss mal aufs Klo

7 8
und weiß nicht recht wo.

Übung 28 → S. 70

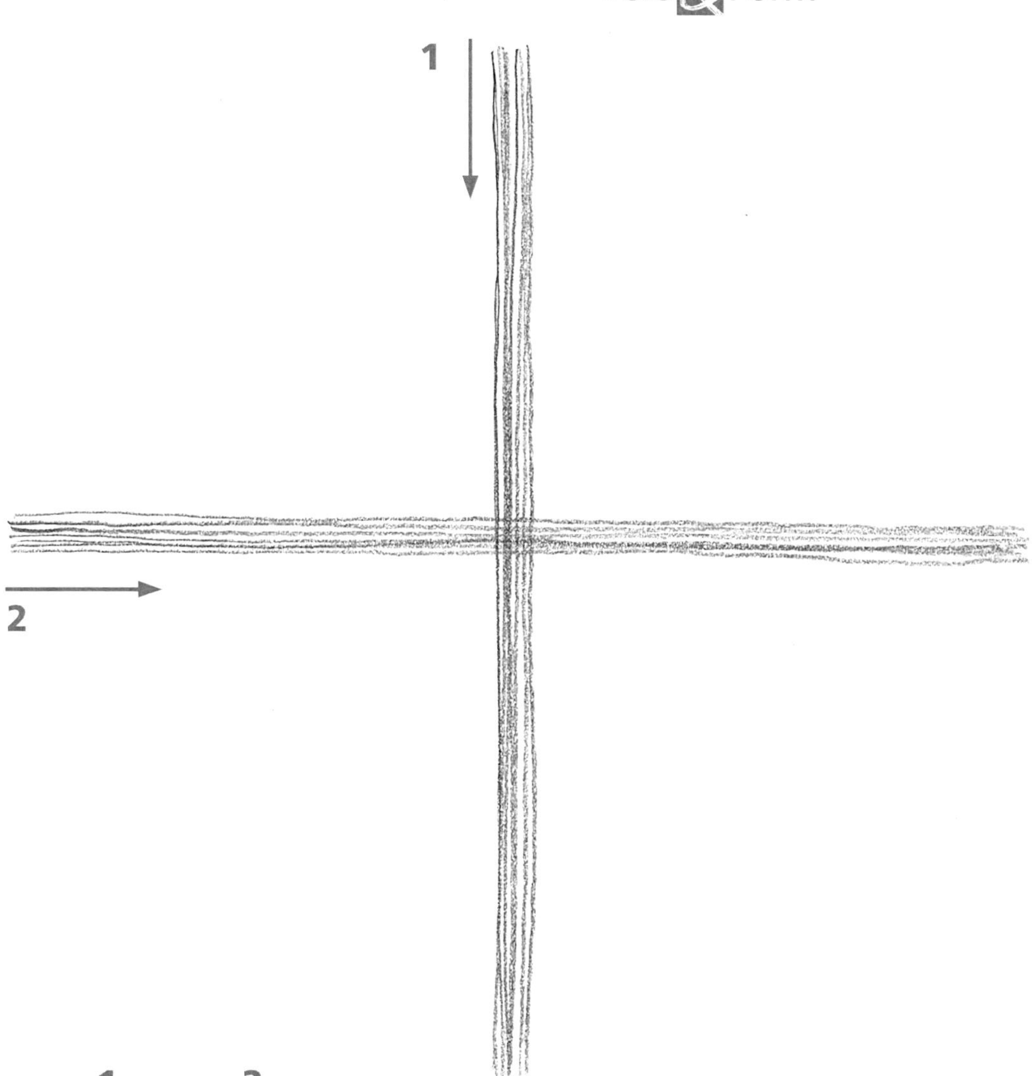

1 2 1 2
Durch das Fenster guck ich gerne.

1 2 1 2
Seh den Himmel, seh die Sterne.

1 2 1 2
Seh die Tropfen an den Scheiben,

1 2 1 2
und ich seh die Wolken treiben.

1 2 1 2
Durch das Fenster guck ich gerne.

1 2 1 2
Seh die Berge in der Ferne.

1 2 1 2
Seh die Straßen, seh die Bahn,

1 2 1 2
damit kommt der Papa an!

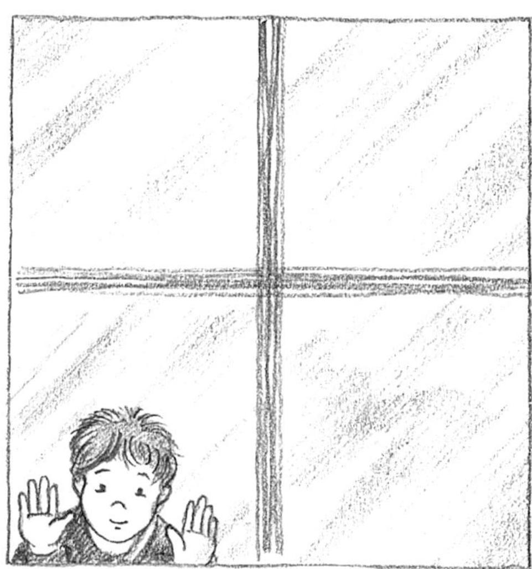

Übung 29 → S. 72

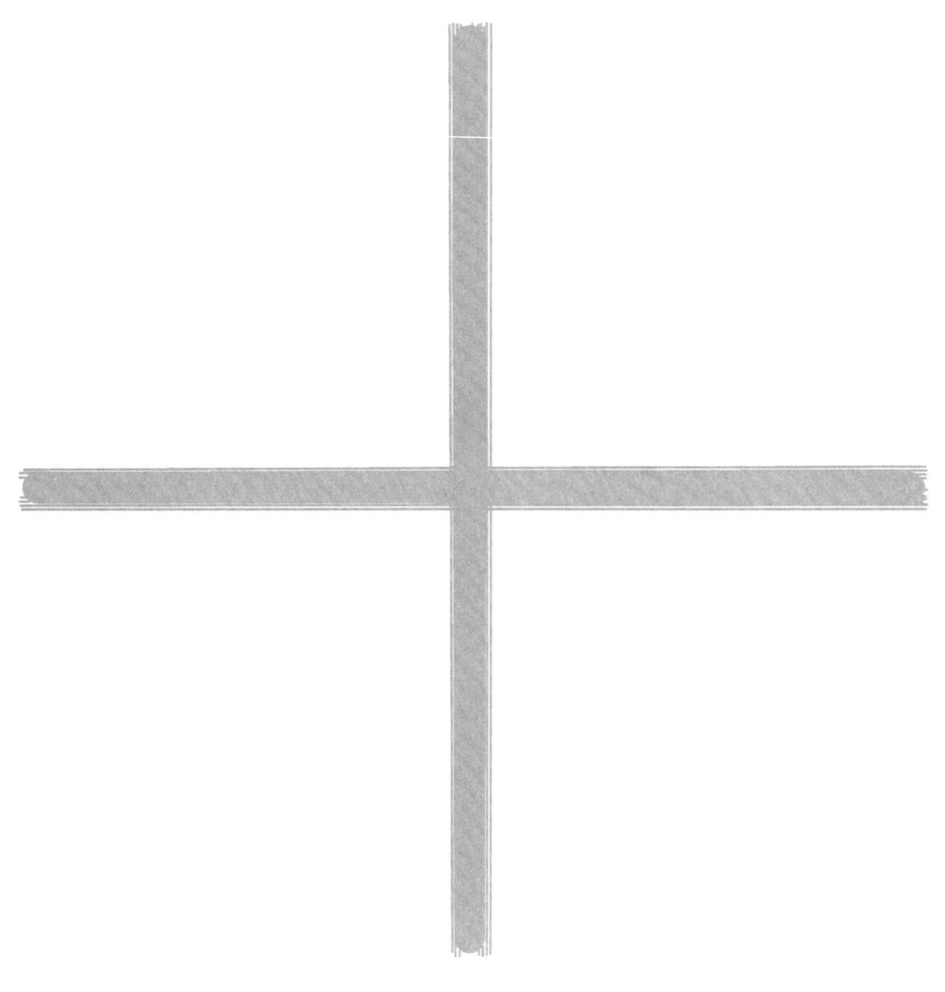

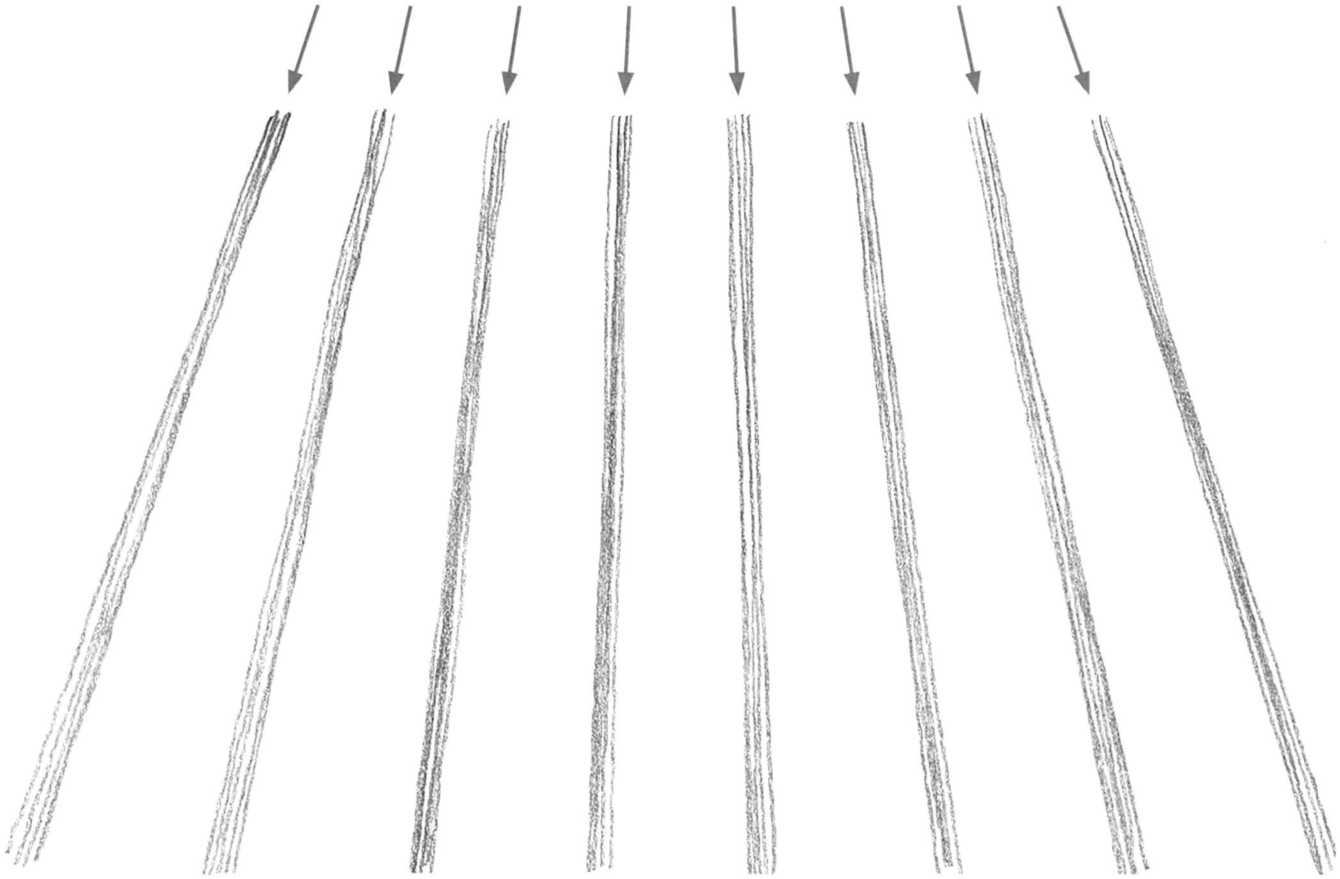

Duschen, baden, Haare waschen:
Manche Kinder mögen's nicht.
Duschen, baden, Haare waschen:
Pfui, das spritzt ja im Gesicht!

Duschen, baden, Haare waschen:
Manche Kinder mögen das.
Duschen, baden, Haare waschen:
Das macht frisch und bringt viel Spaß!

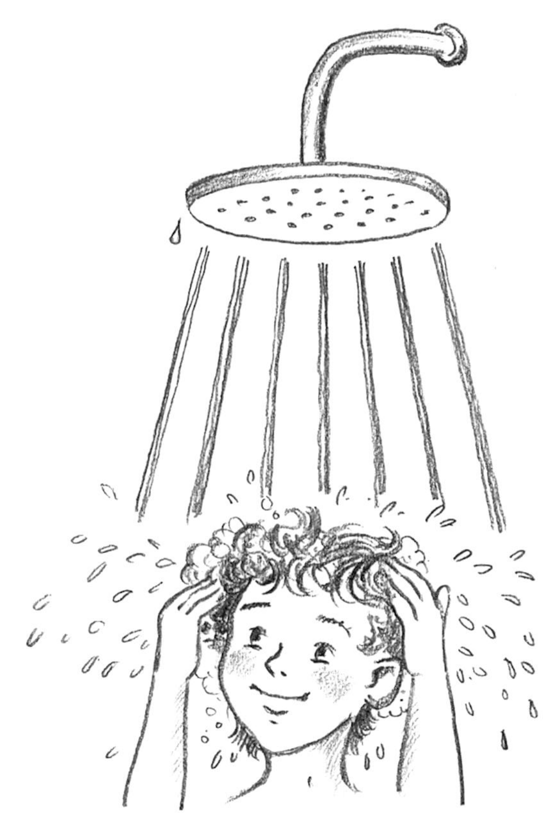

Übung 30 → S. 74

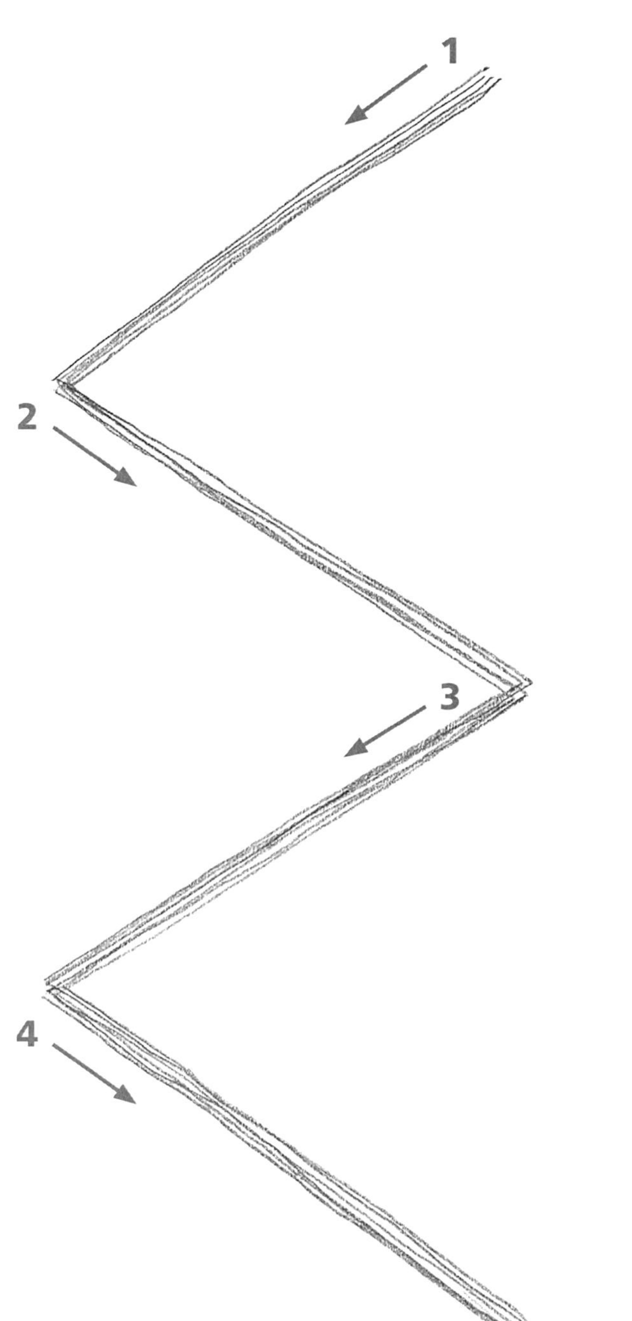

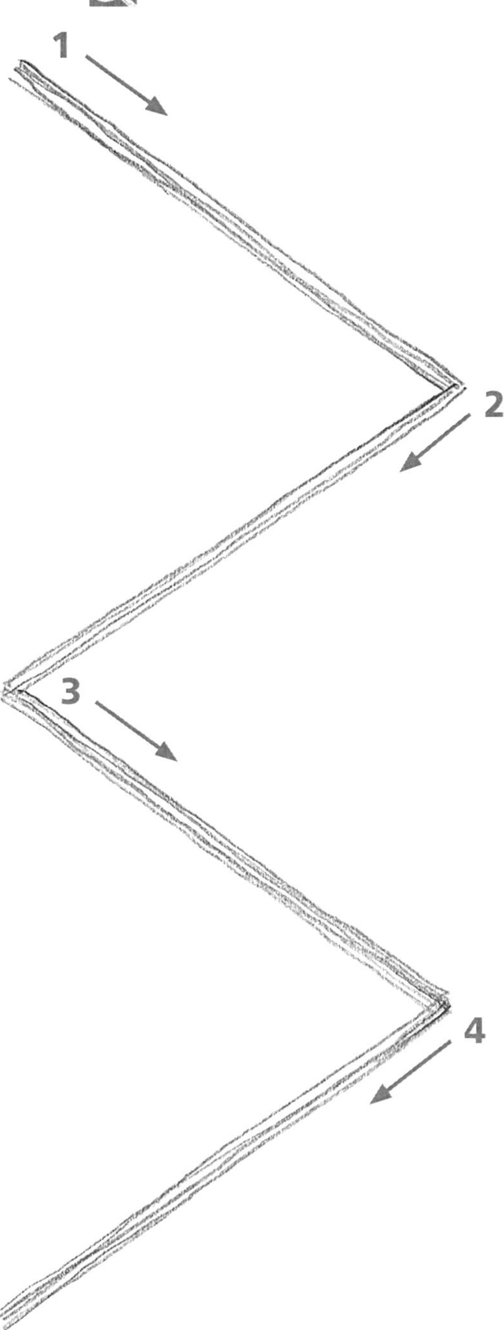

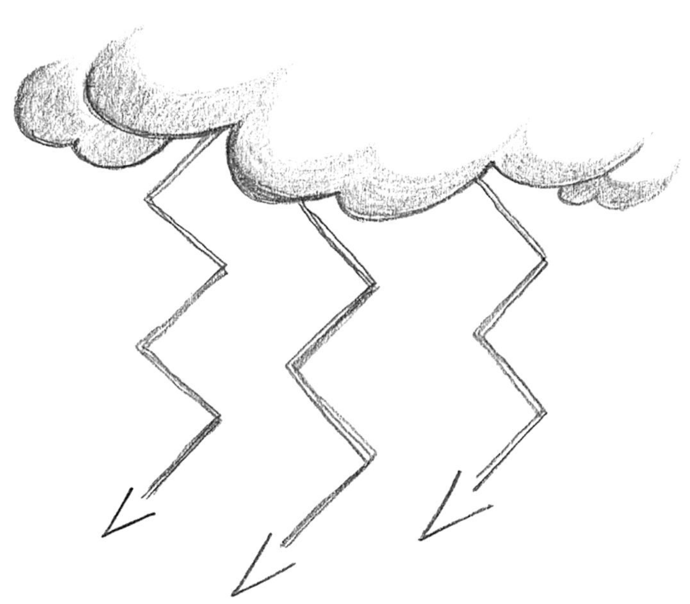

1 2 3 4
Drachen schwänzeln,

1 2 3 4
Teufel tänzeln,

1 2 3 4
Blitze krachen,

1 2 3 4
Hexen lachen!

Übung 31 → S. 76

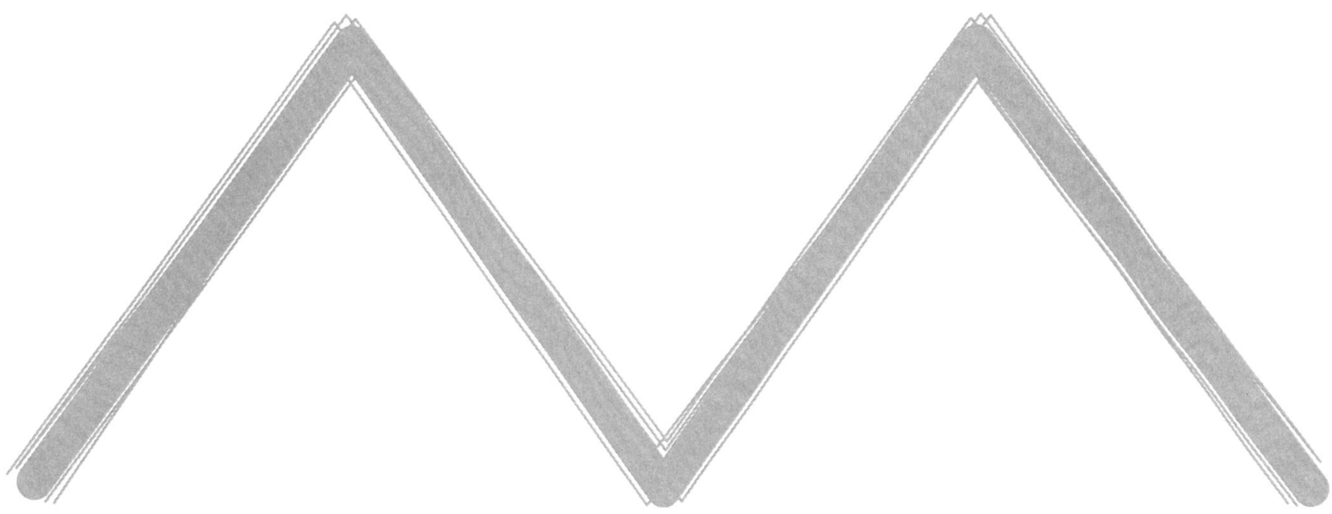

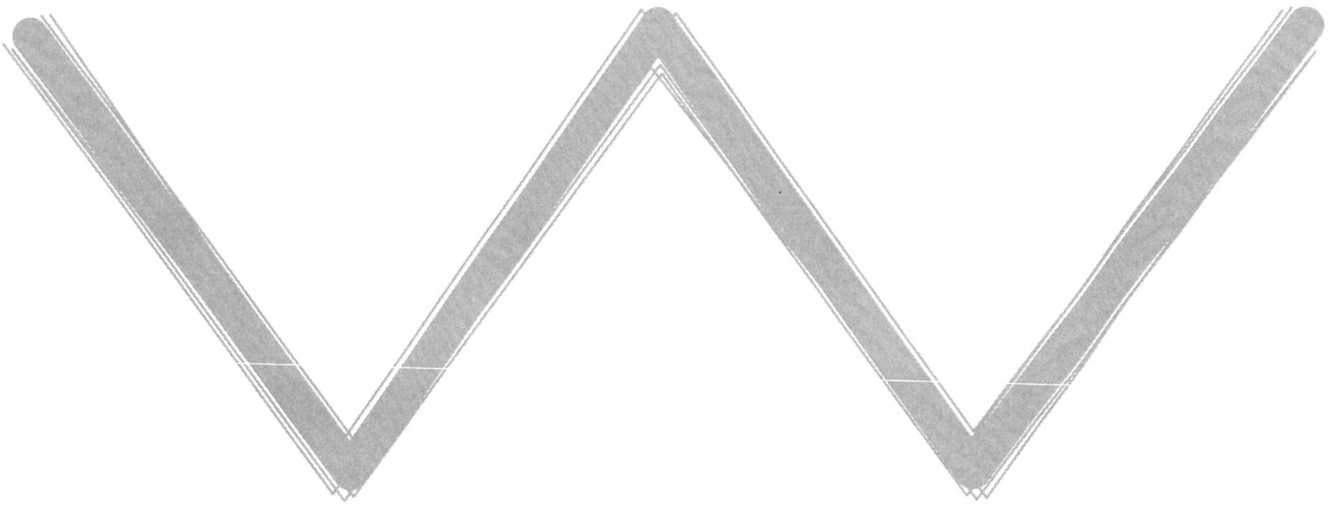

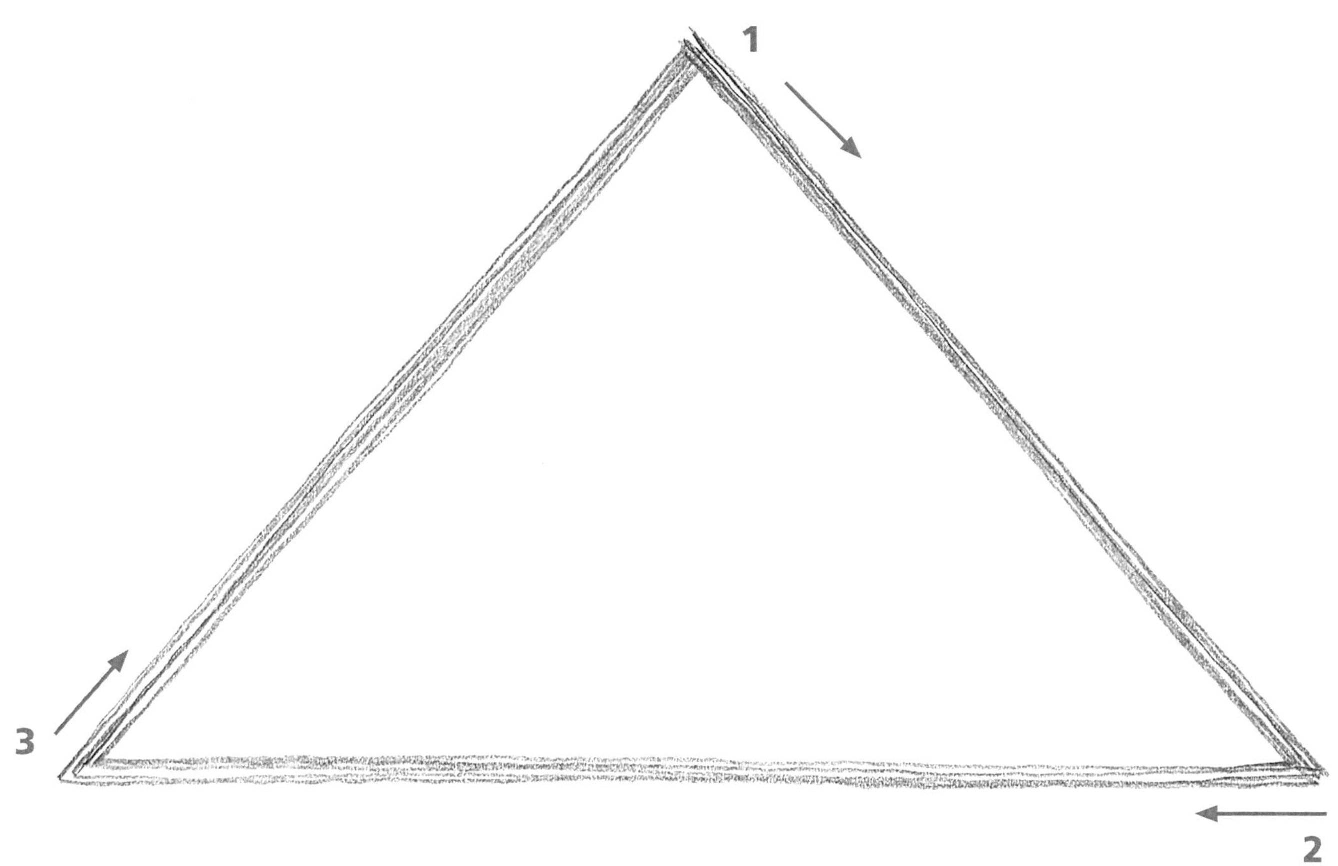

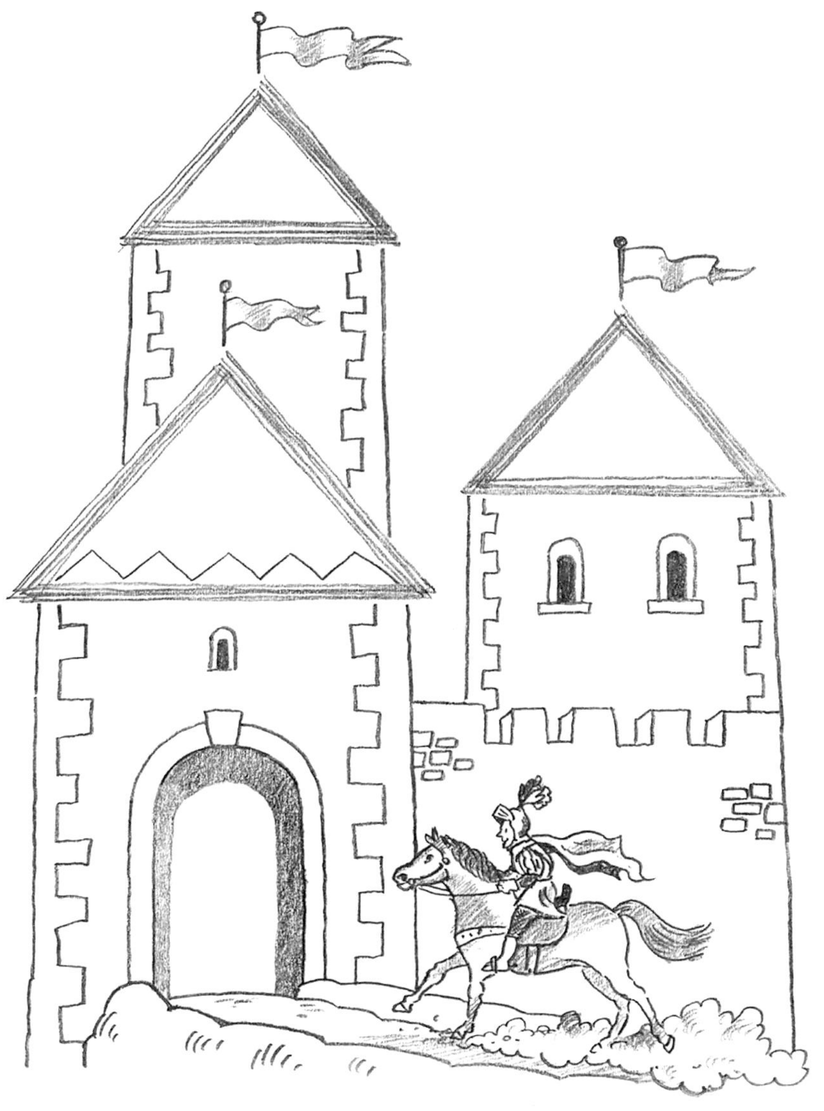

1 2 3
Hoch zu Ross,

1 2 3
schnell aufs Schloss,

1 2 3
Im Galopp:

1 2 3
Hopp hopp hopp!

Übung 32 → S. 78

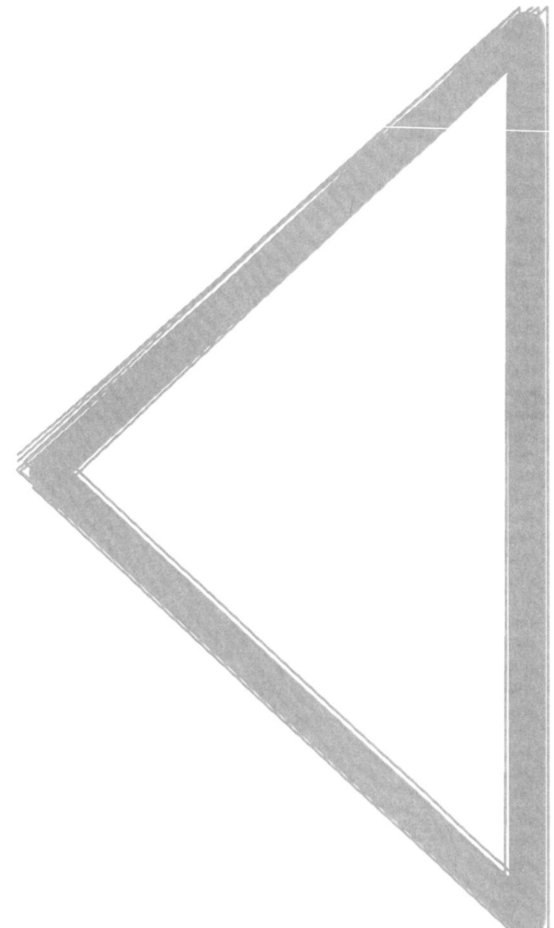

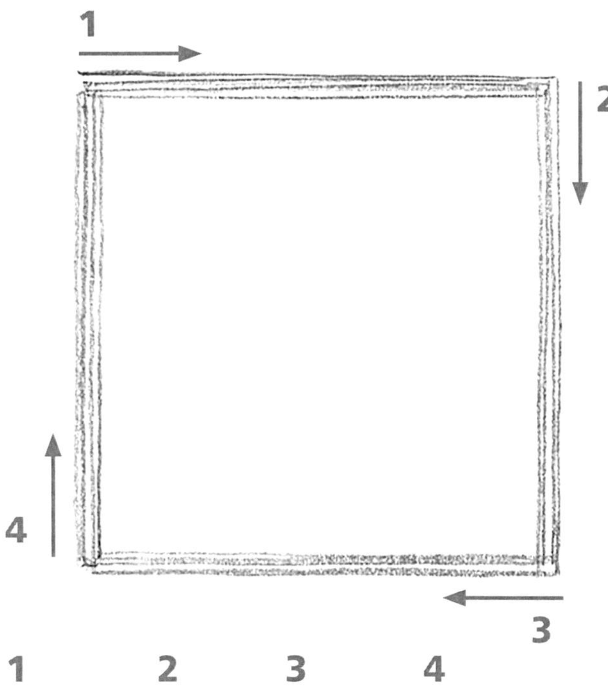

1 2 3 4
Morgen, Mittag, Abend, Nacht!

1 2 3 4
Was hast du alles heut gemacht?

1 2 3 4
Gespielt, gerannt, gelernt, gelacht?

1 2 3 4
Oder was Neues ausgedacht?

Zeichne in den Rahmen,
was du dir ausgedacht hast!

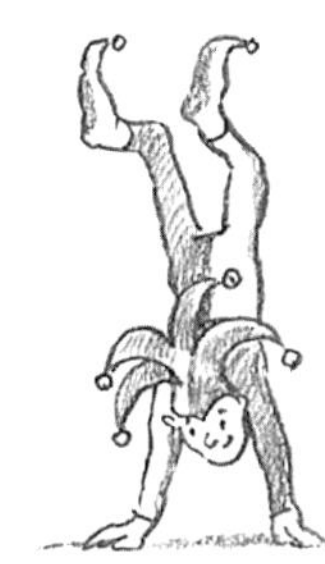

1 2 3 4
Das ist ein Haus,

1 2 3 4
darin ist ein Zimmer,

1 2 3 4
darin ist ein Schrank,

1 2 3 4
darin ist eine Kiste,

1 2 3 4
darin ist eine Schachtel,

1 2 3 4
darin ist ein Döschen,

1 2 3 4
darin ist … gar nichts!

Übung 33 → S. 80

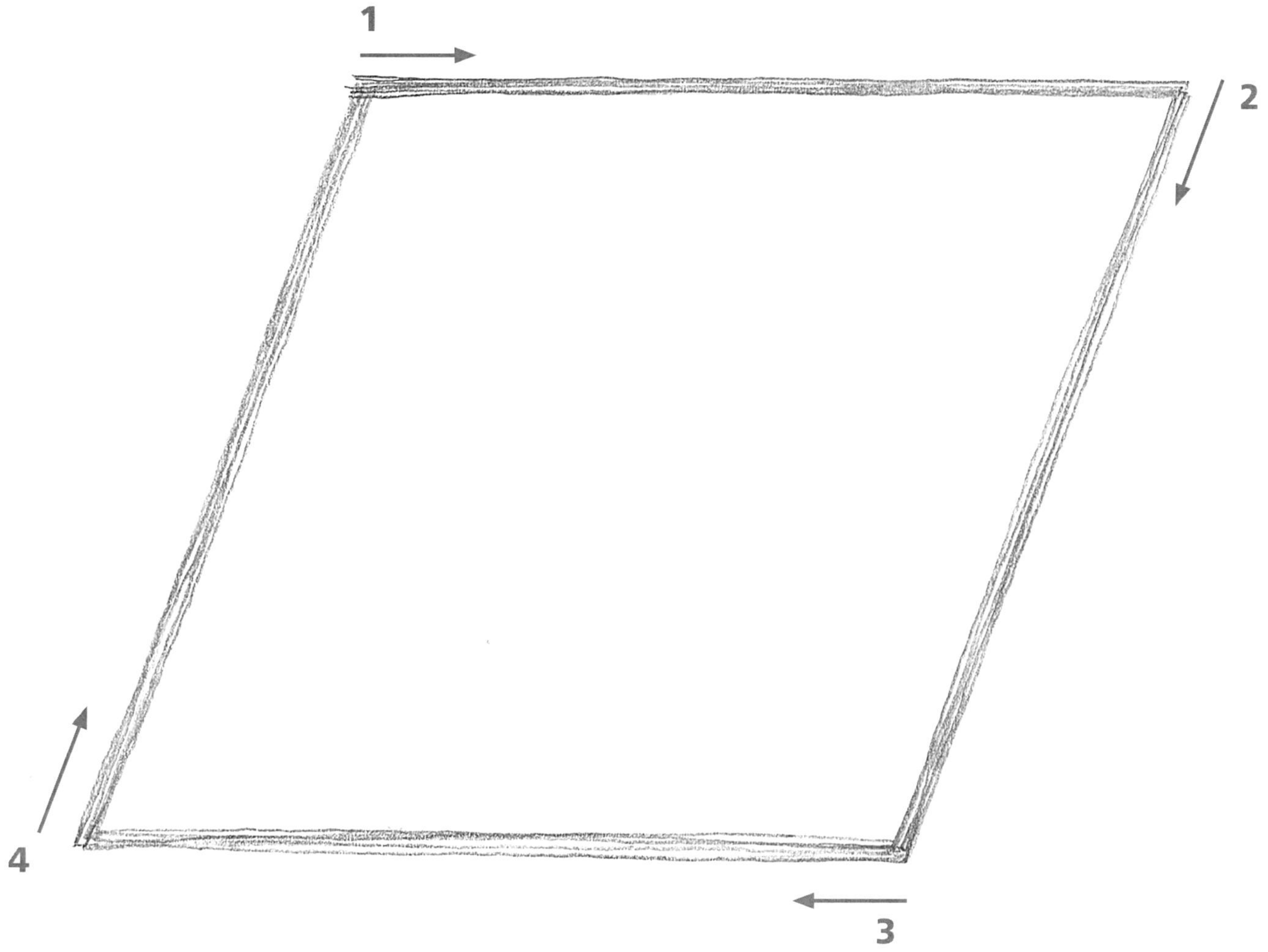

1 2 3 4

1 2 3 4
Bumm, bumm, bumm,

1 2 3 4
unser Haus ist krumm.

1 2 3 4
Da kommt ein alter Zimmermann,

1 2 3 4
der sagt, dass er es richten kann.

1 2 3 4
Bumm, bumm, bumm,

1 2 3 4
jetzt fällt das Häuschen um!

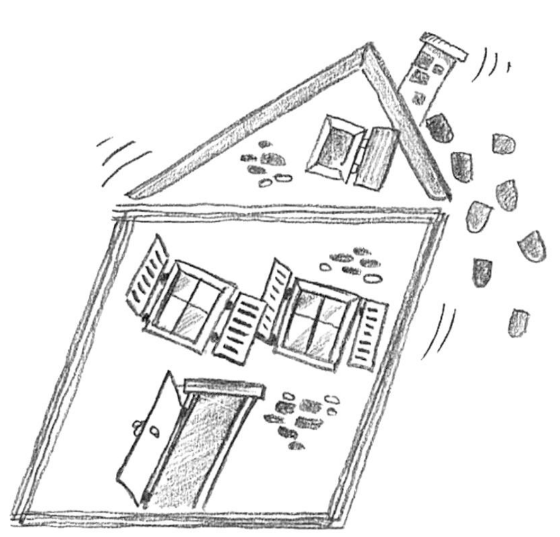

Übung 34 → S. 82

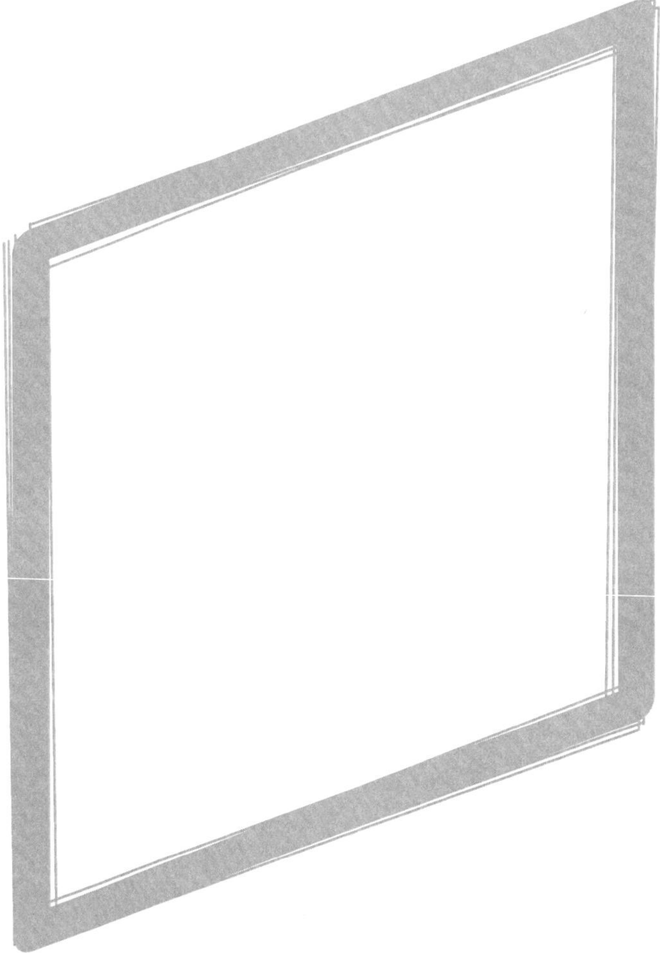

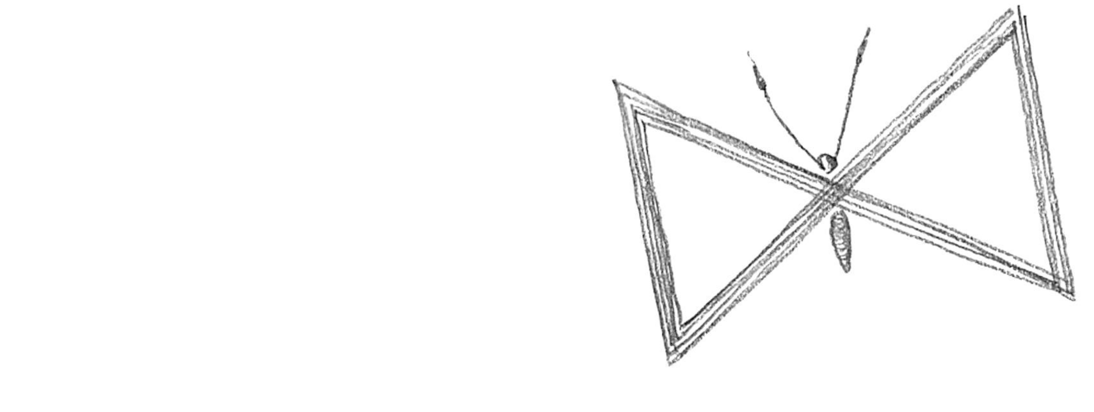

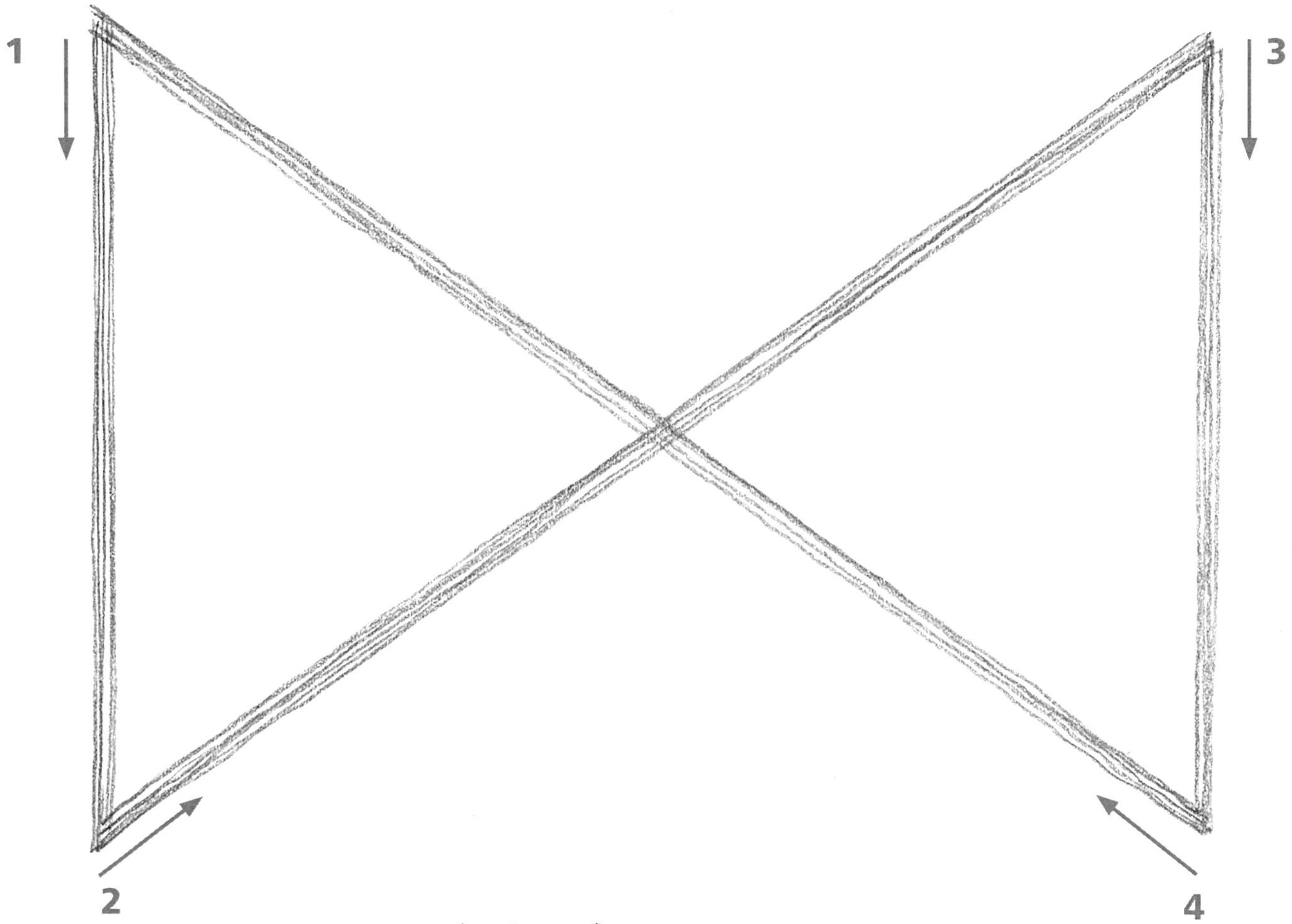

1 3

2 4

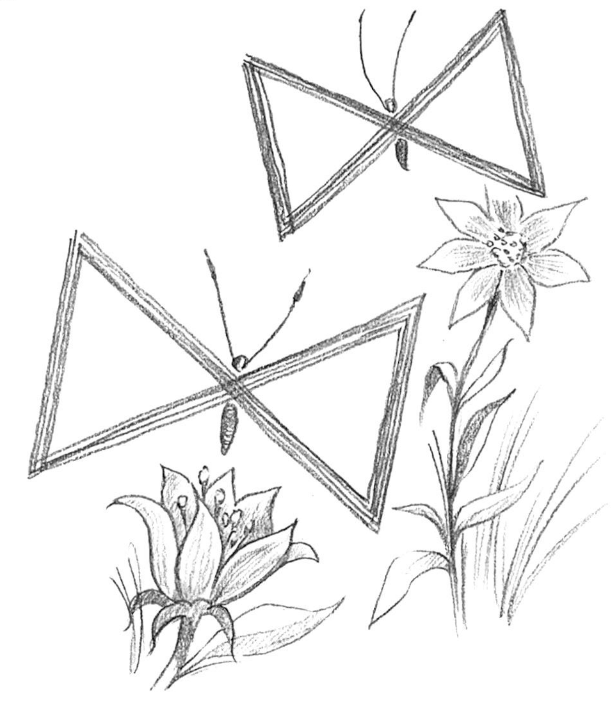

1 2 3 4
Schmetterling im Wind,

1 2 3 4
fliege du geschwind.

1 2 3 4
Fliege du im Sonnenschein,

1 2 3 4
lass die Puppenhülle sein.

Übung 35 → S. 84

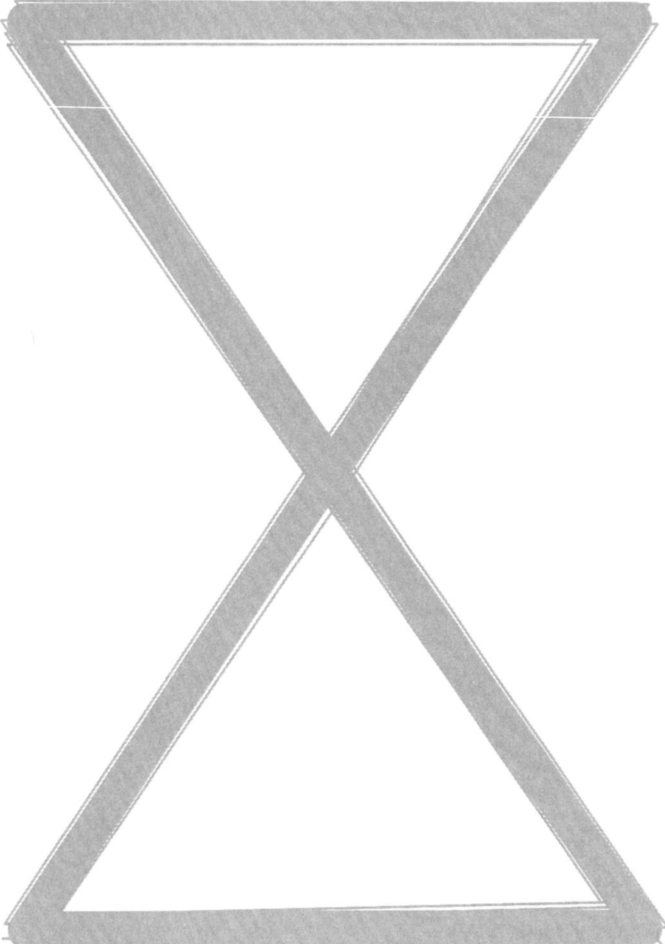

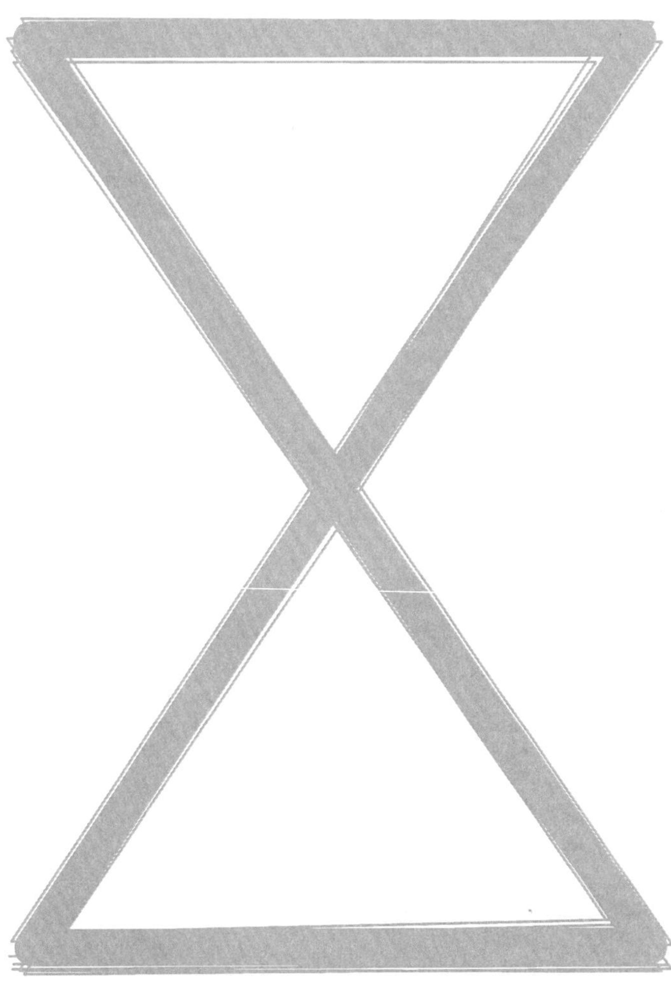

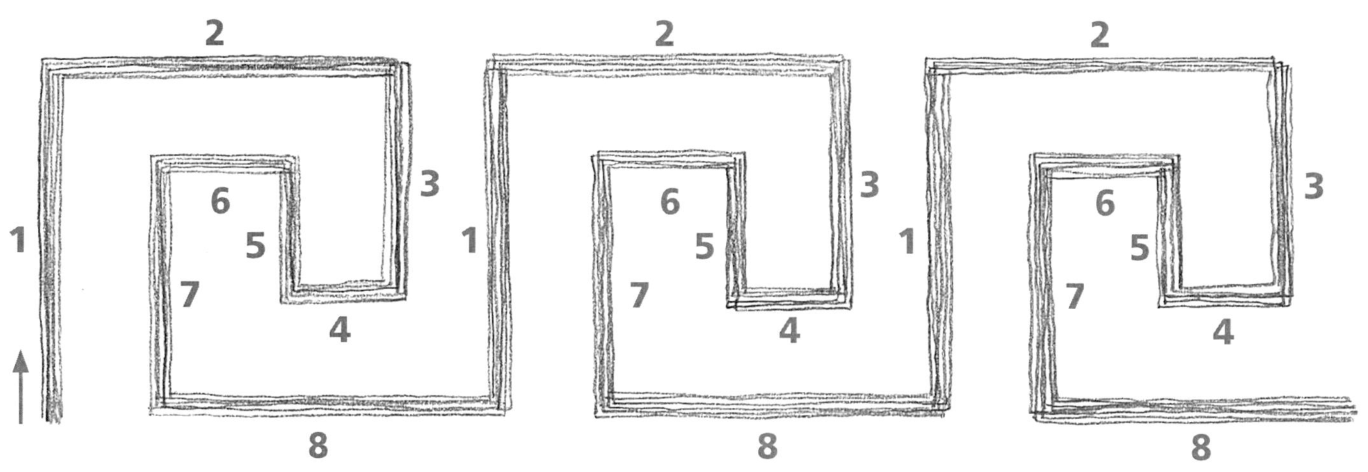

1 2 3 4 5 6 7 8
Hundert kleine Zwickelzwerge

1 2 3 4 5 6 7 8
steigen über hundert Berge,

1 2 3 4 5 6 7 8
malen alle Berge an.

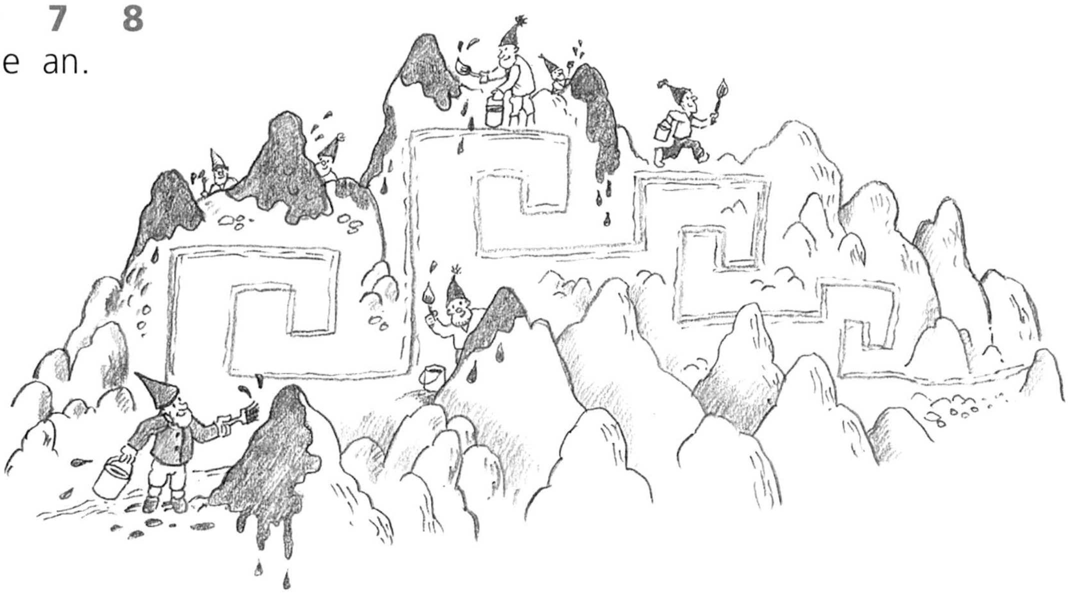

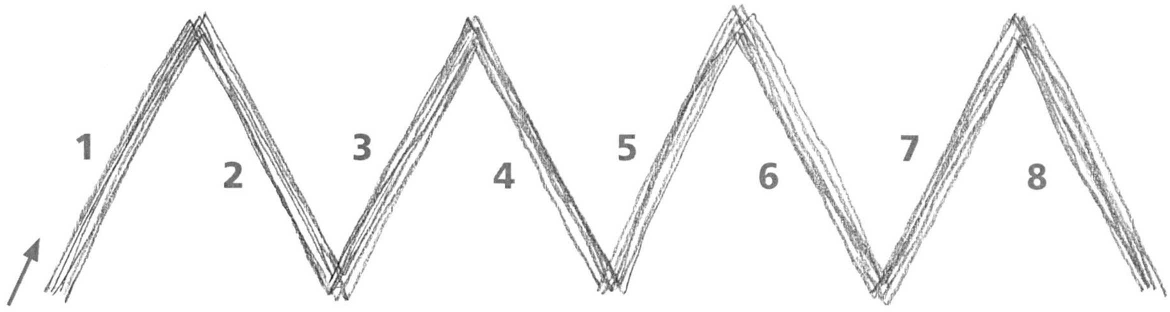

1 2 3 4 5 6 7 8

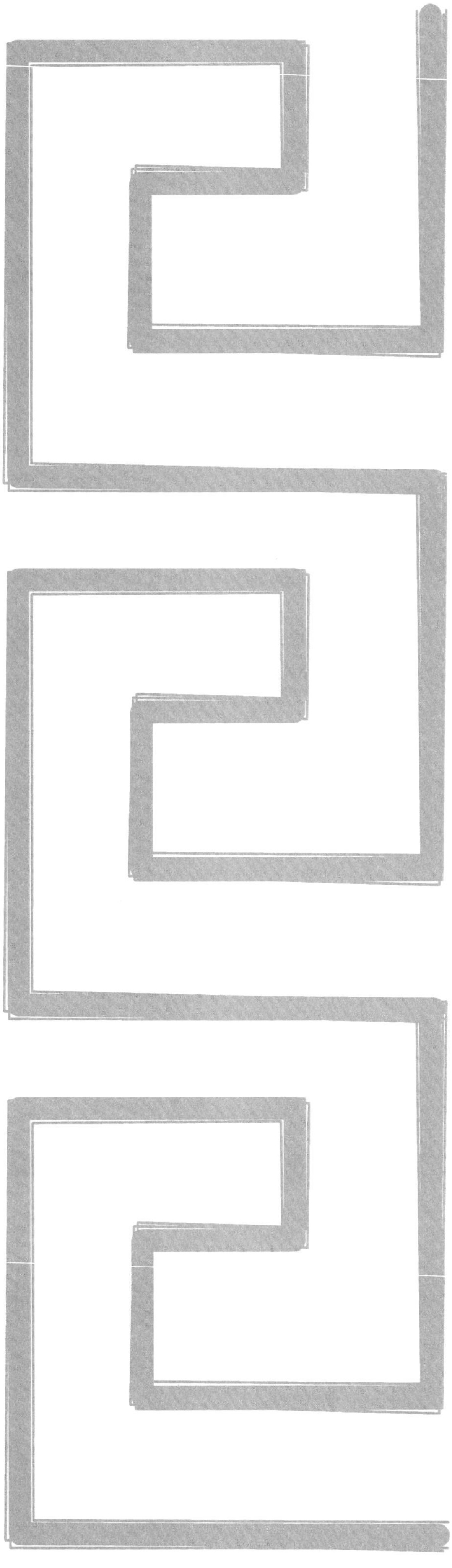

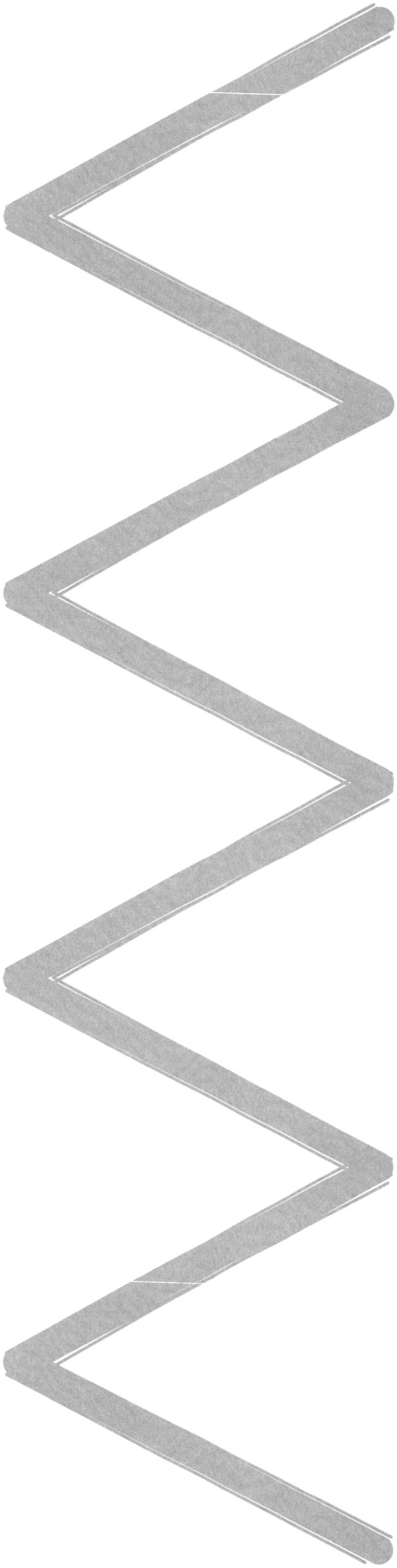

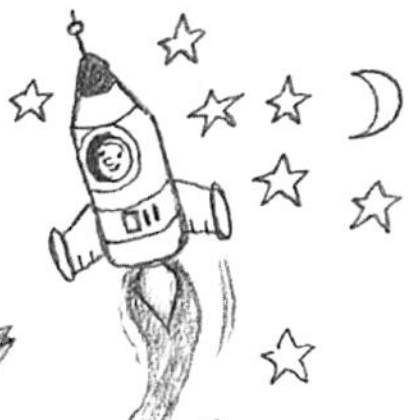

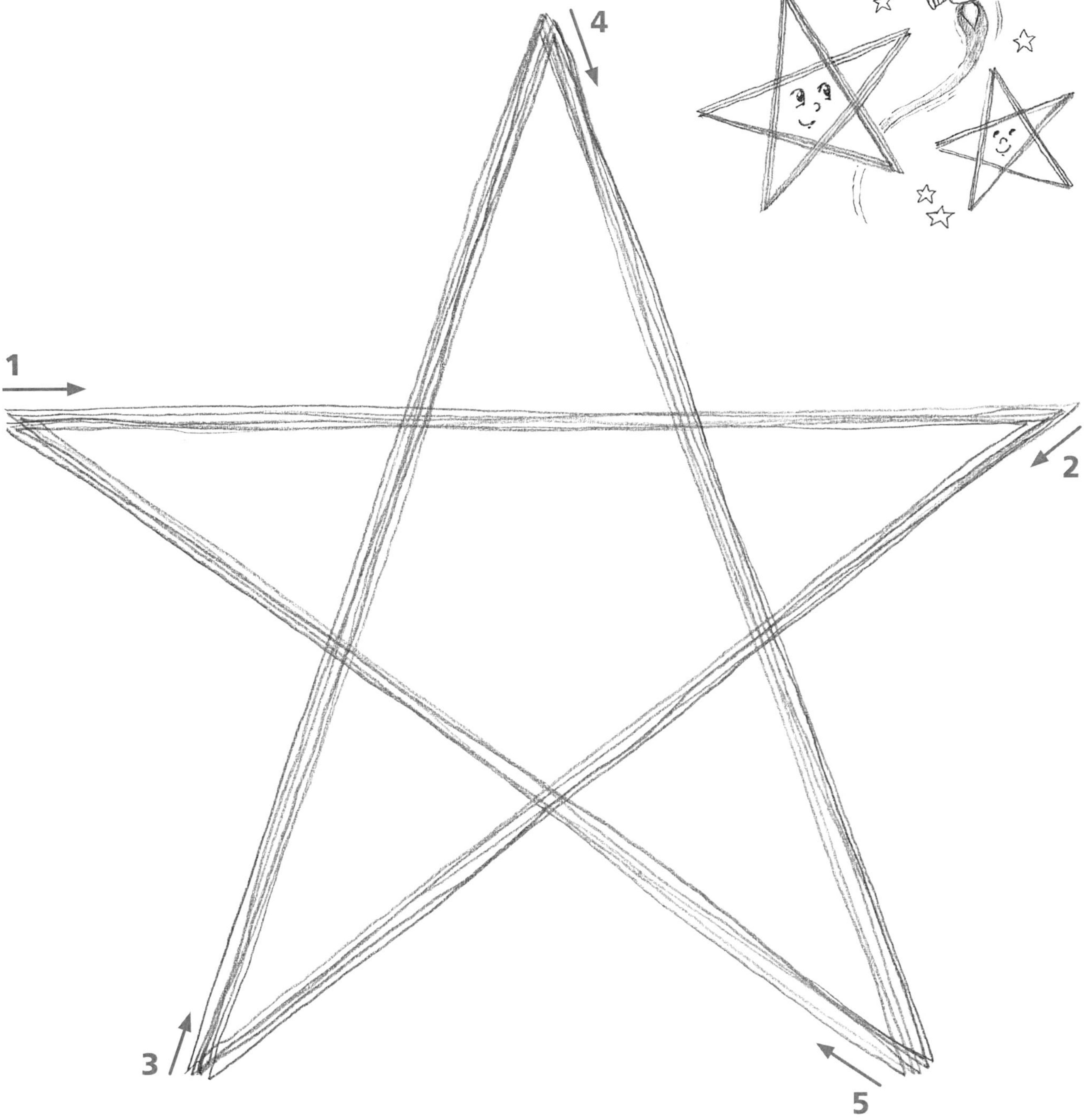

1 2 3 4 5
Stern am Himmelszelt

1 2 3 4 5
leuchtest für die Welt.

1 2 3 4 5
Strahle du mich an,

1 2 3 4 5
dass ich auch leuchten kann.

Übung 37 → S. 88

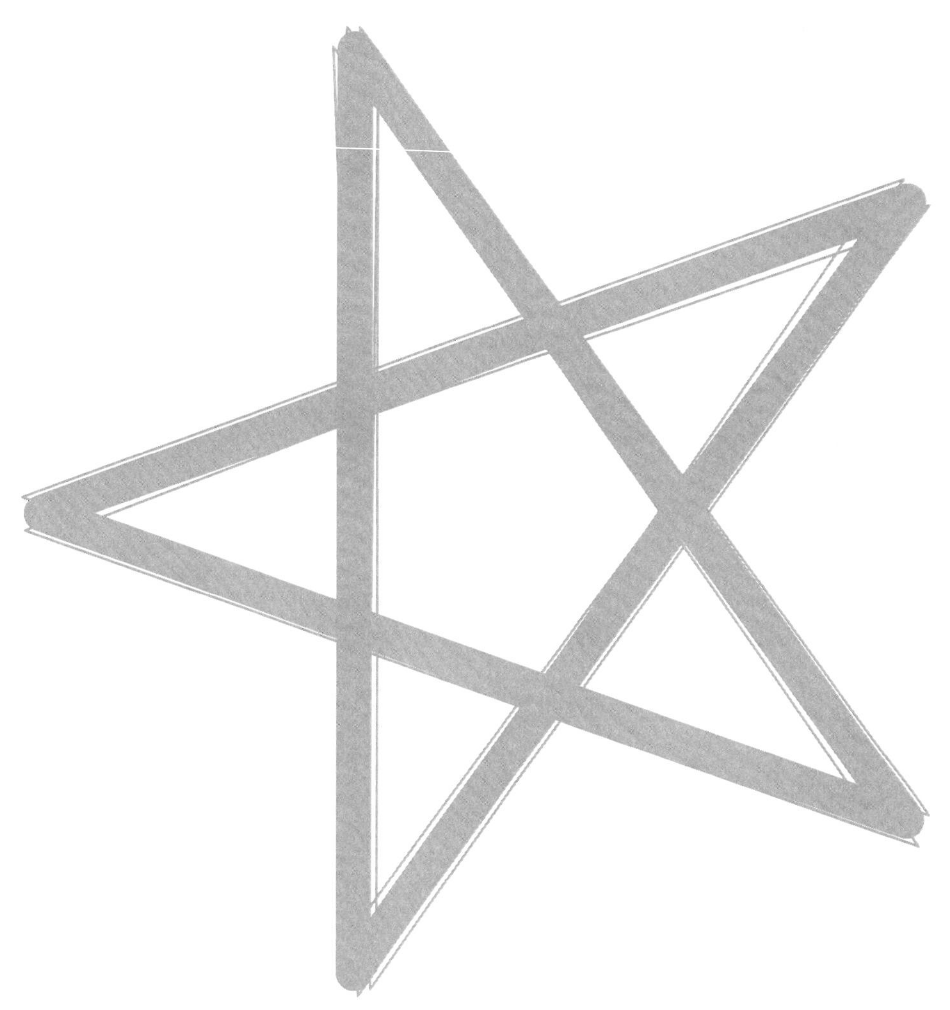

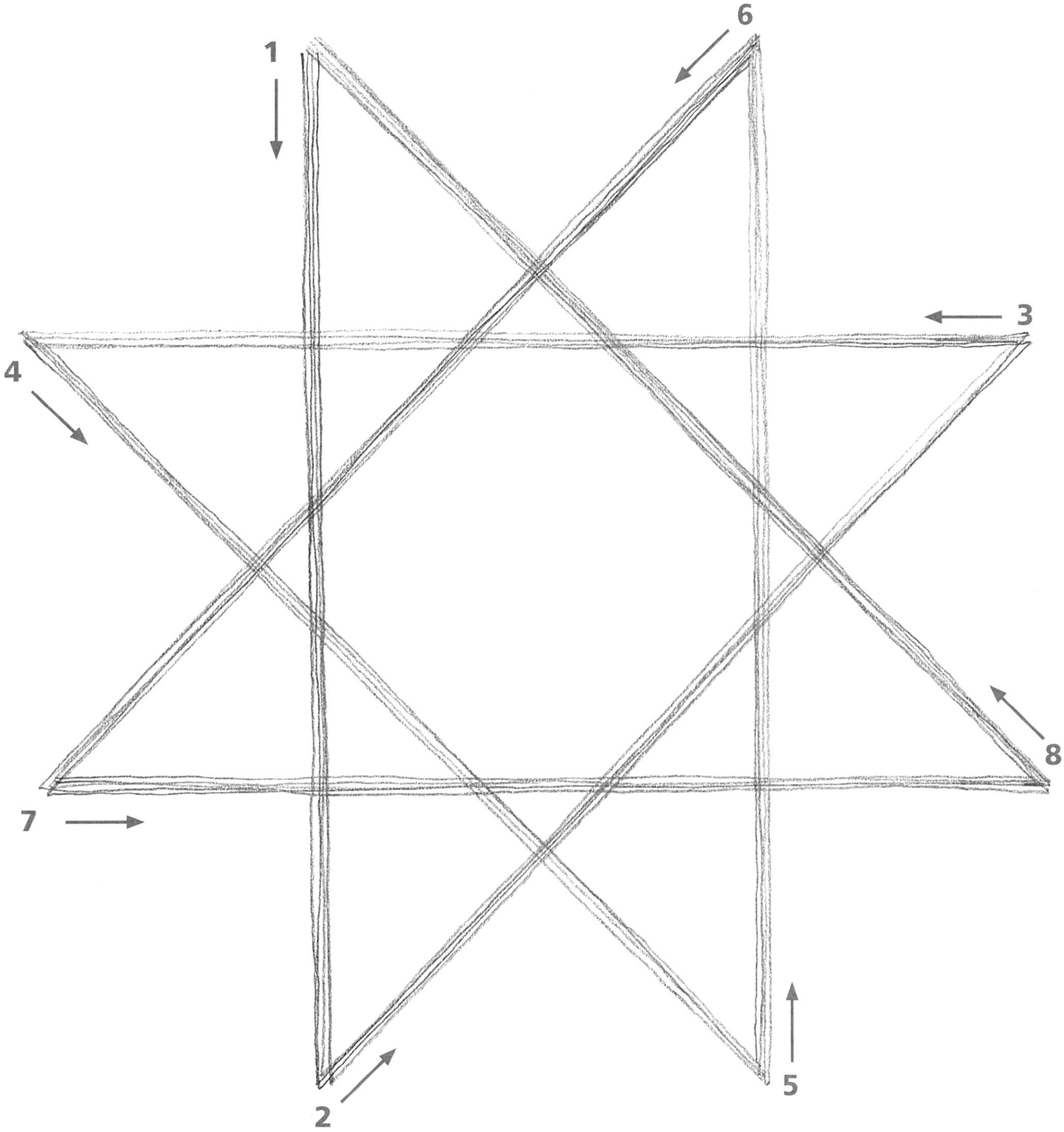

1 2 3 4
Wer das nicht kann,

5 6 7 8
fängt noch mal an!

Übung 38 → S. 90

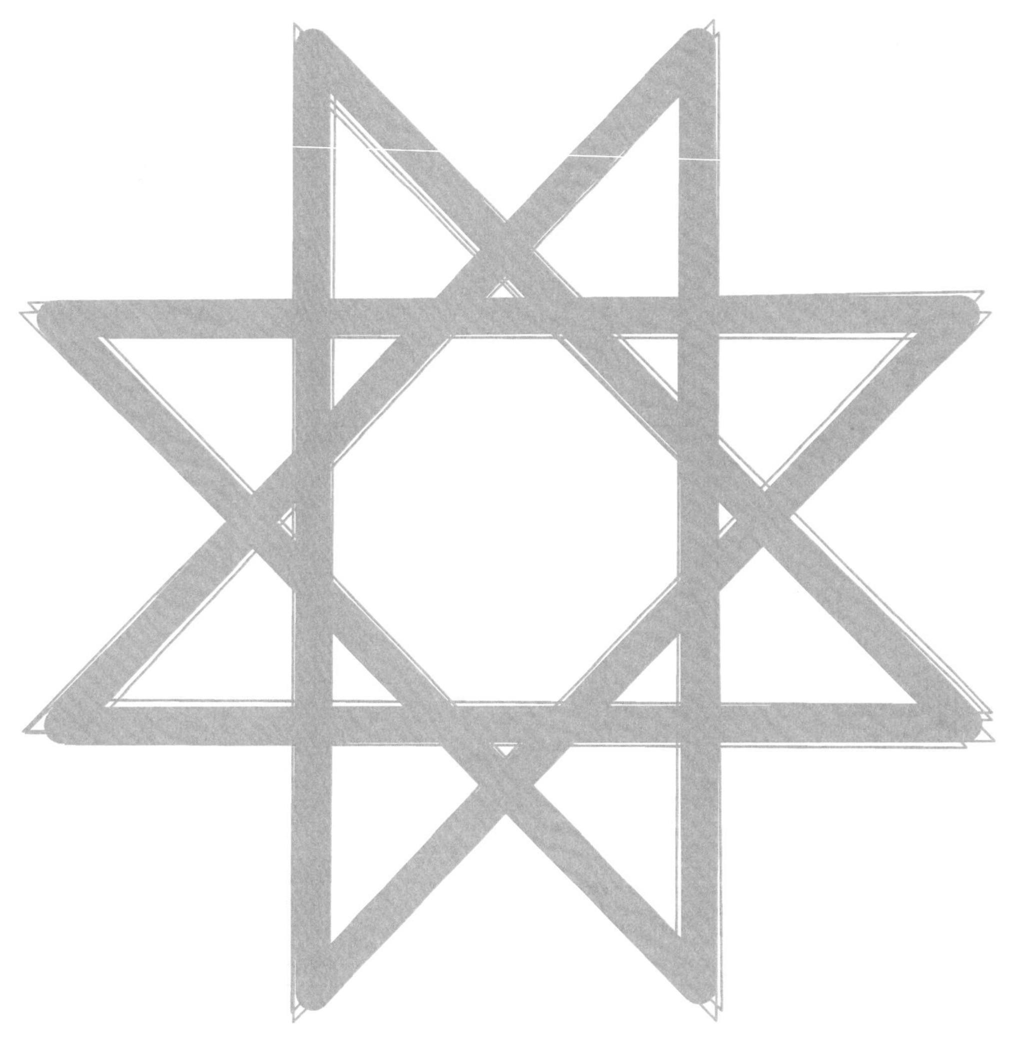

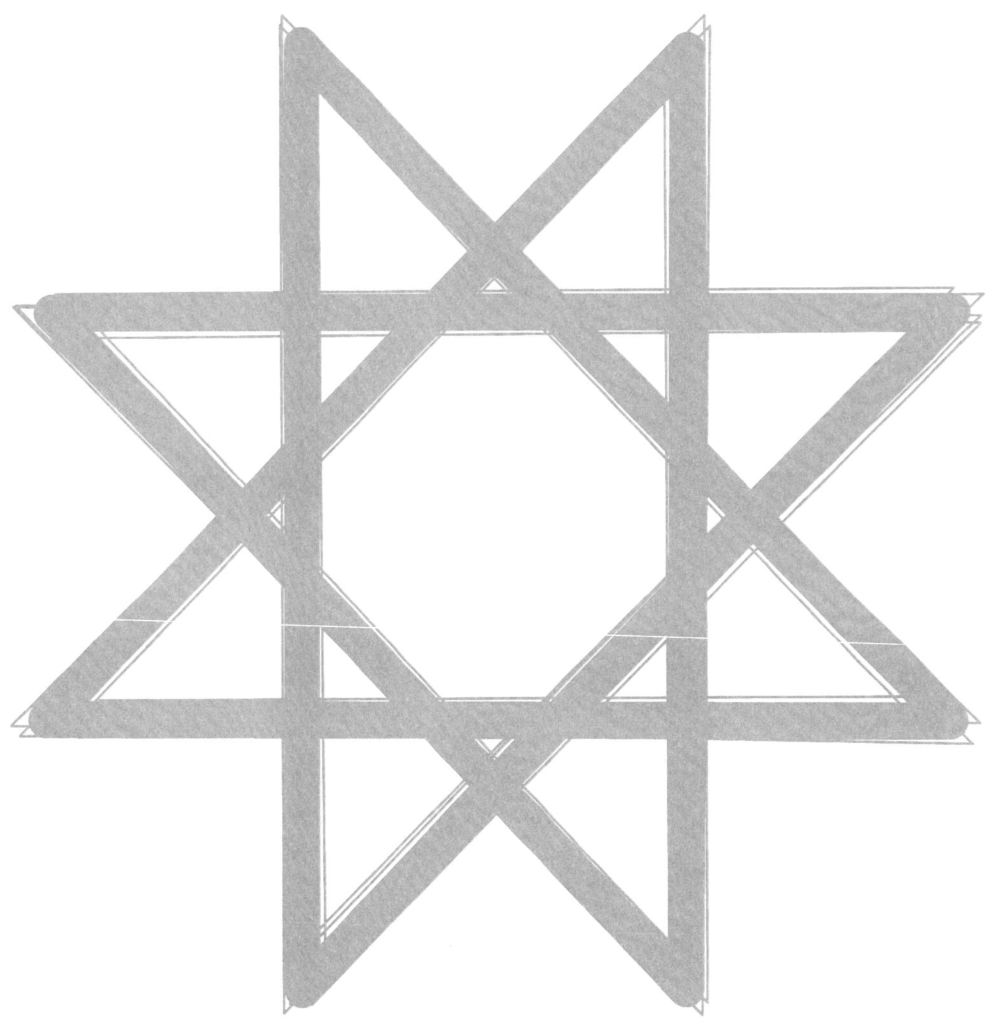

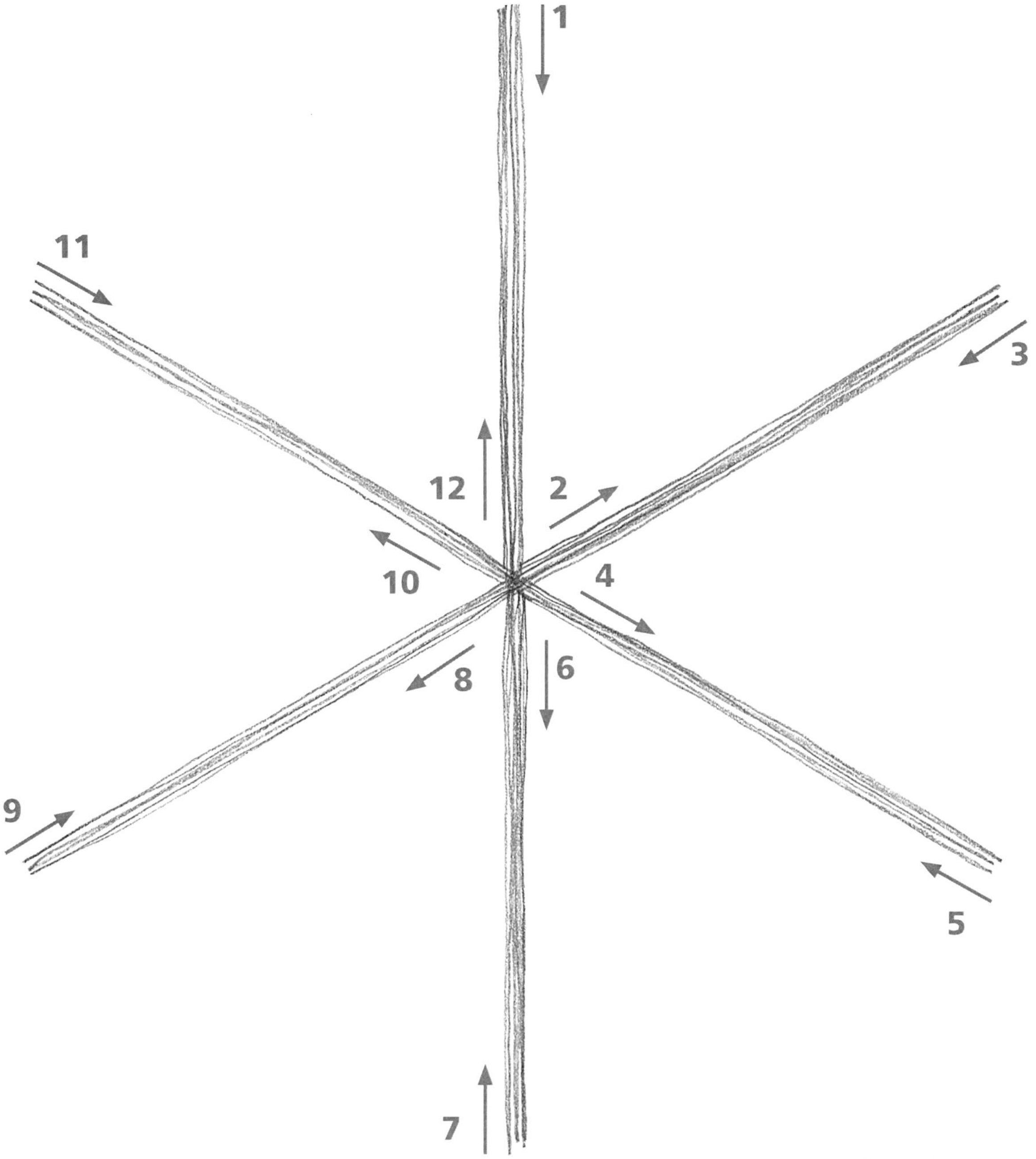

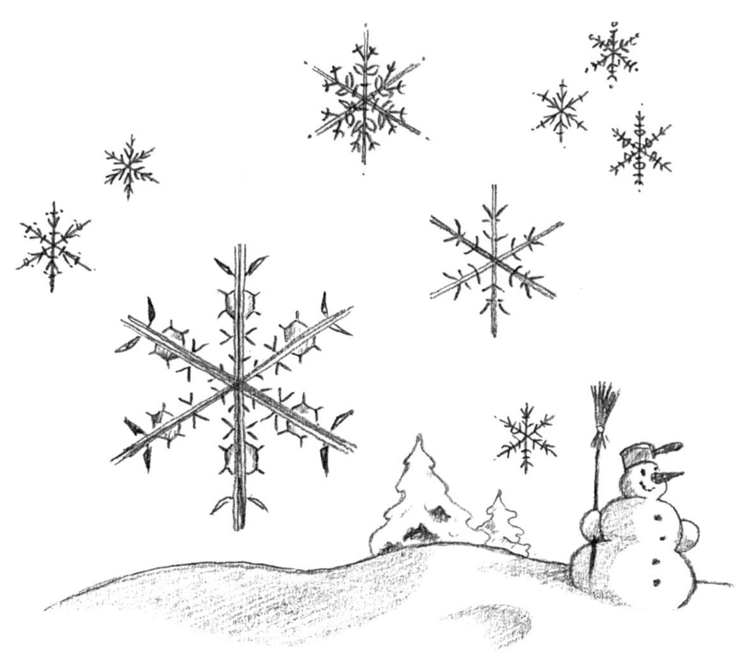

1 2 3 4
Schnee und Eis, Schnee und Eis,

5 6 7 8
alles glitzert silberweiß:

9 10 11 12
Häuser, Autos, meine Güte!

1 2 3 4
Alle tragen weiße Hüte.

5 6 7 8
Schnee und Eis, Schnee und Eis,

9 10 11 12
alles glitzert silberweiß.

Übung 39 → S. 92

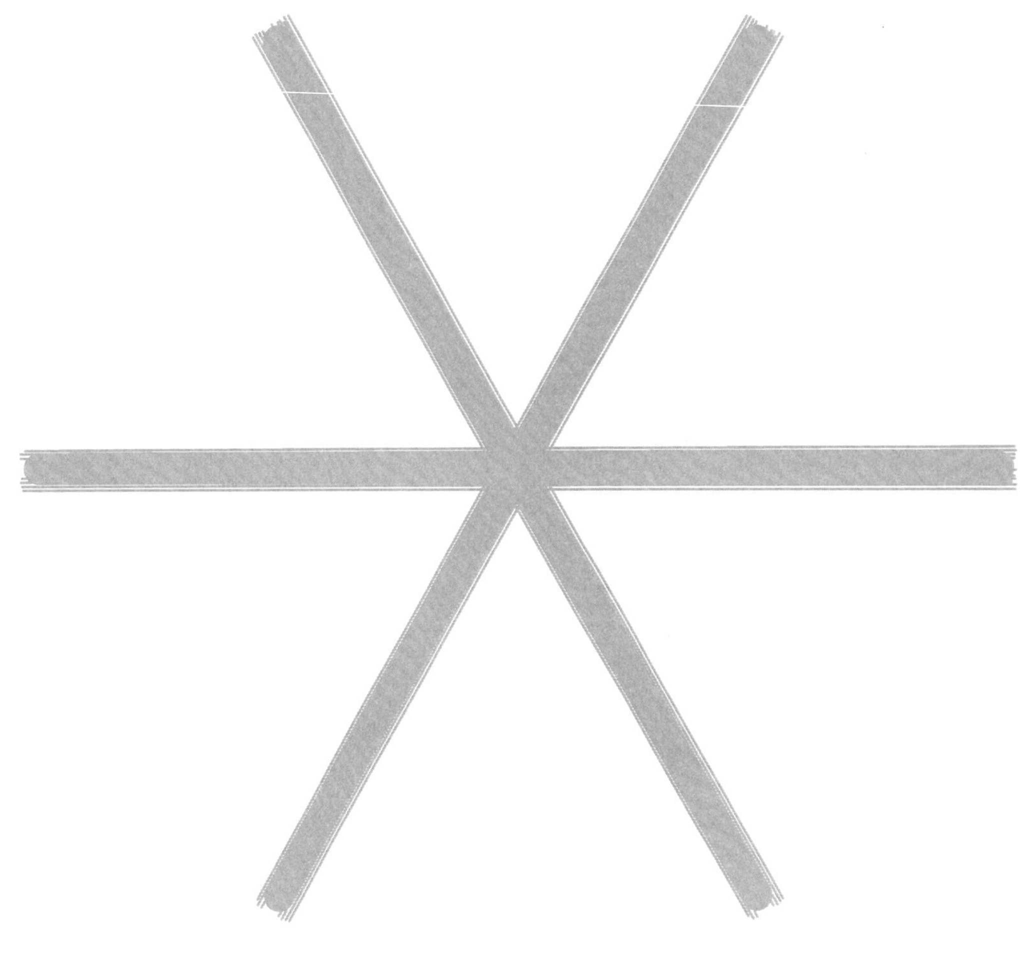

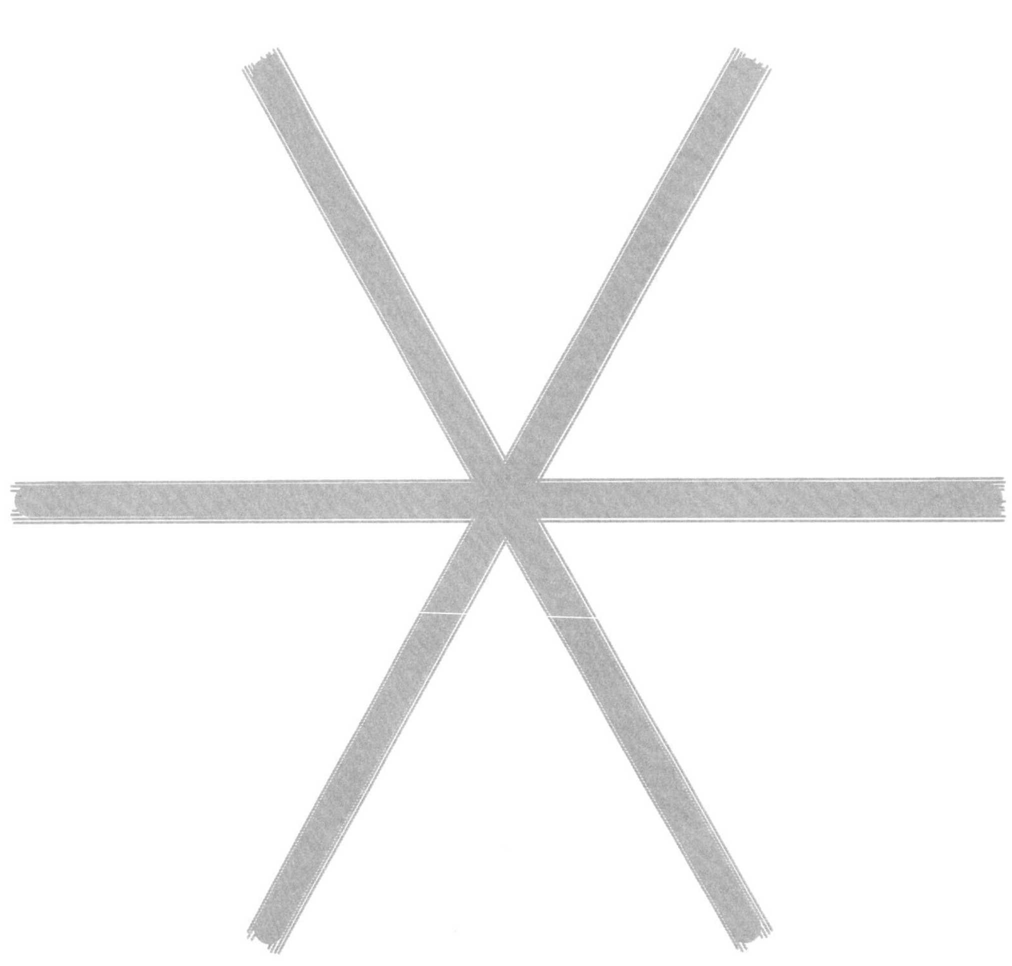

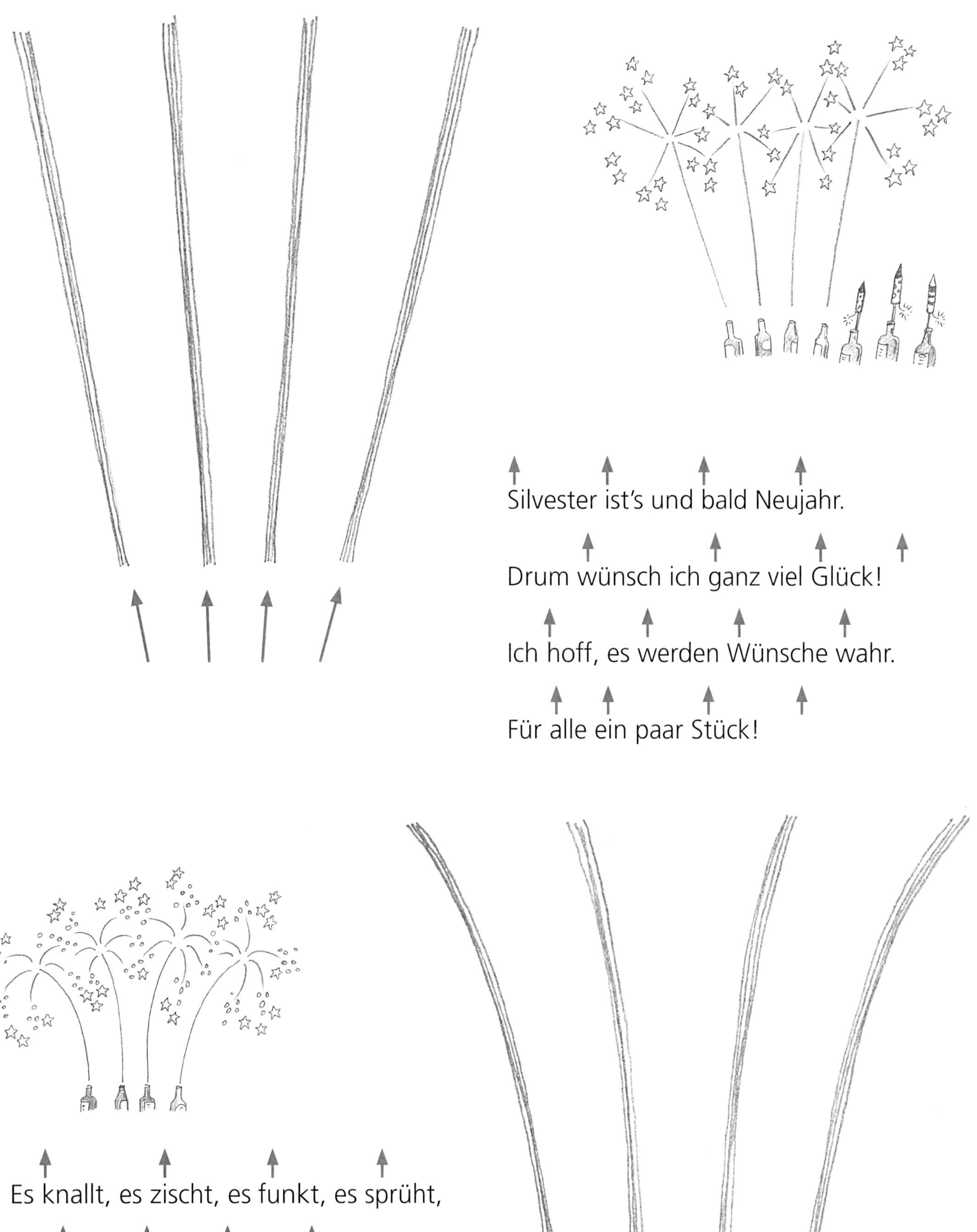

Silvester ist's und bald Neujahr.
Drum wünsch ich ganz viel Glück!
Ich hoff, es werden Wünsche wahr.
Für alle ein paar Stück!

Es knallt, es zischt, es funkt, es sprüht,
das Feuerwerk beginnt.
Es explodiert, es regnet Gold,
bis alles bald zerrinnt.

Übung 40 → S. 94

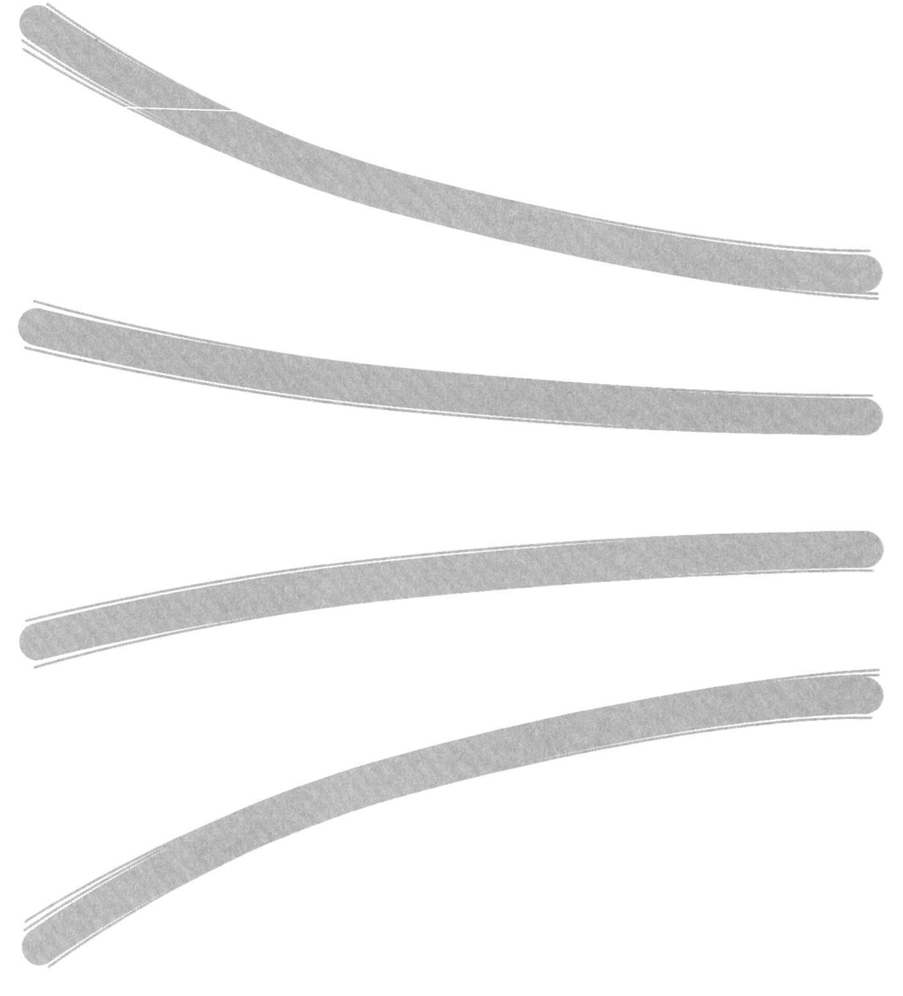

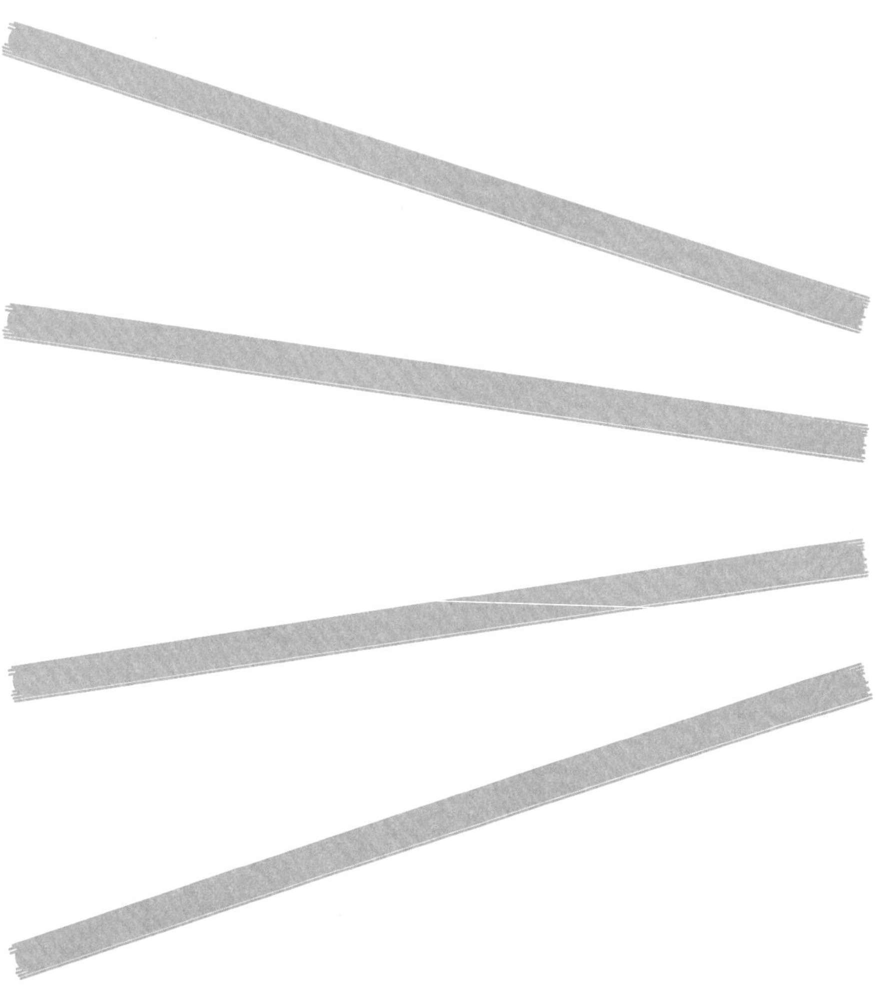

Runde Zeichen

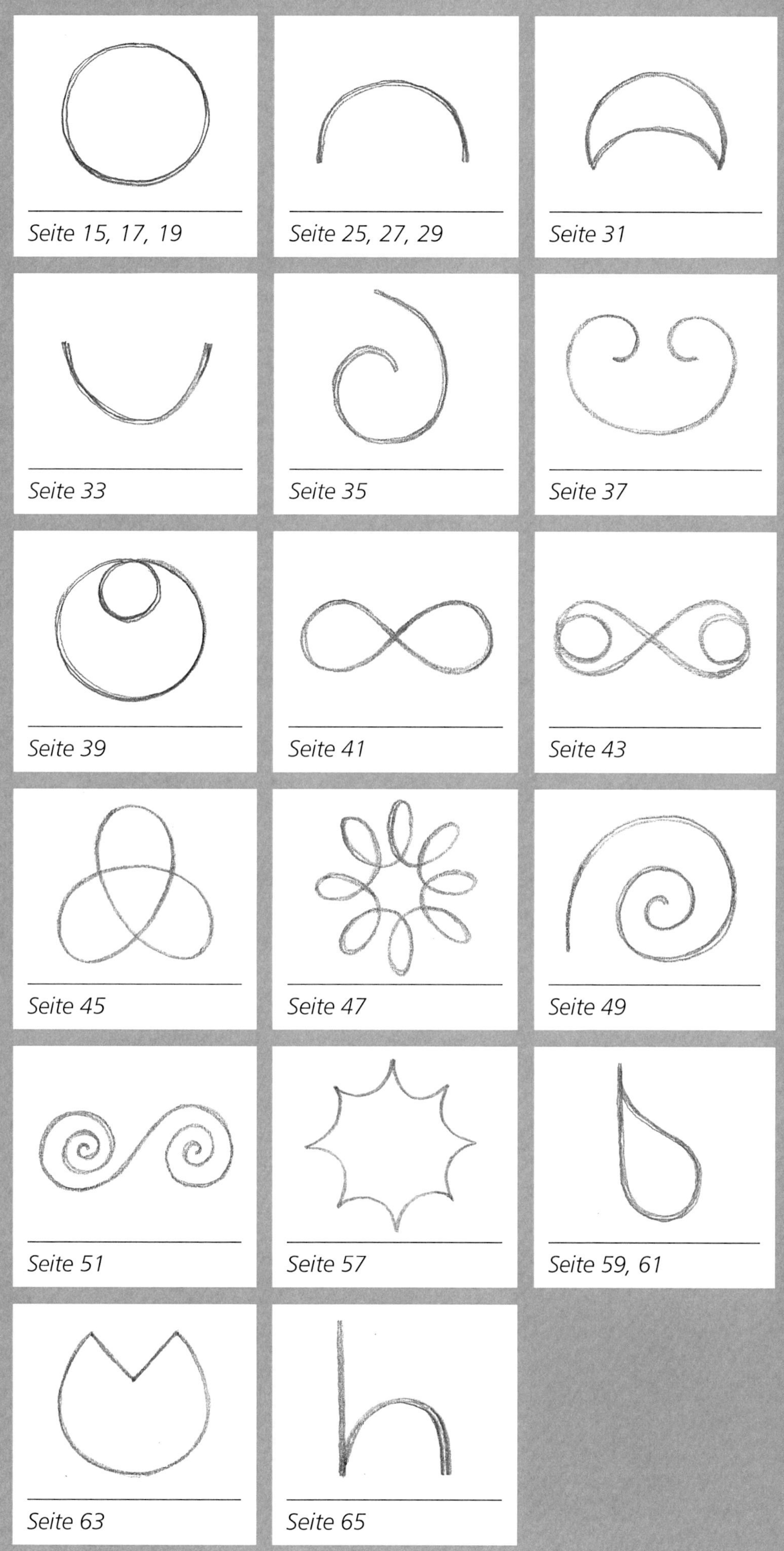

Zeichenübersicht

Übersicht über die im praktischen Teil verwendeten Zeichen mit Seitenangaben

Eckige Zeichen

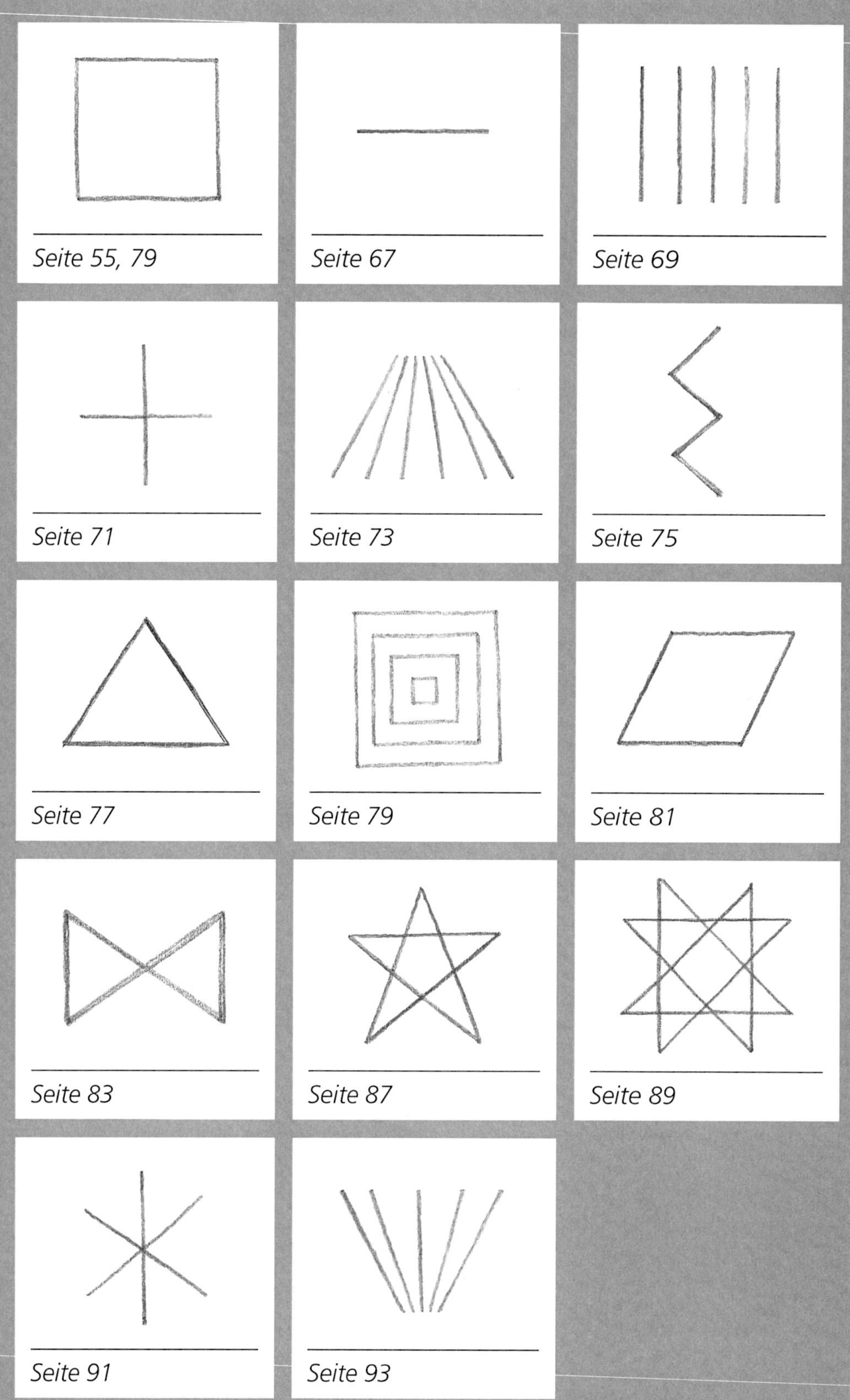

Reihenbildungen

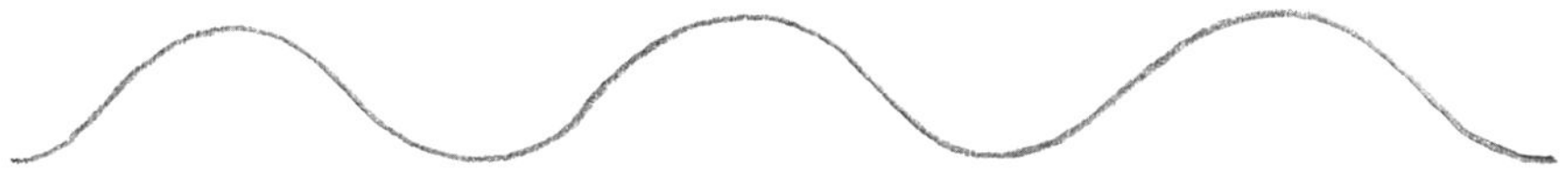

Seite 21, 23

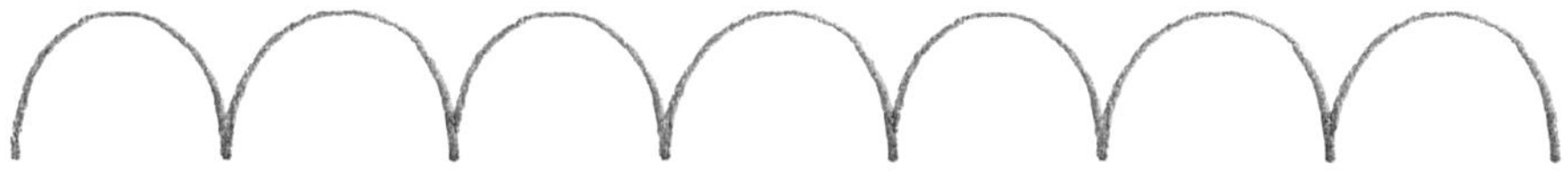

Seite 53, 55

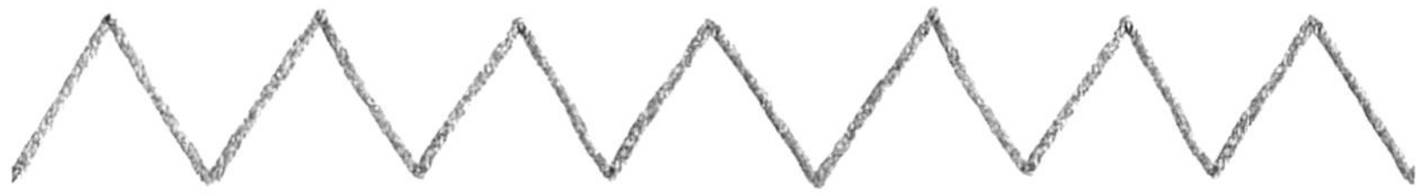

Seite 85

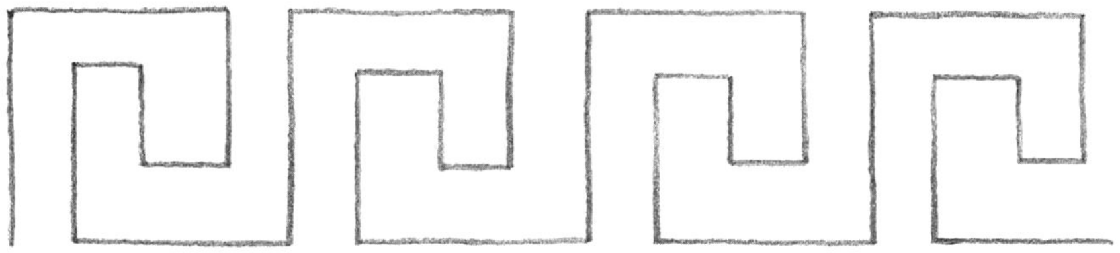

Seite 85

Zeichenübersicht

Übersicht über die im praktischen Teil verwendeten Zeichen mit Seitenangaben

Weitere Zeichen zur Anregung

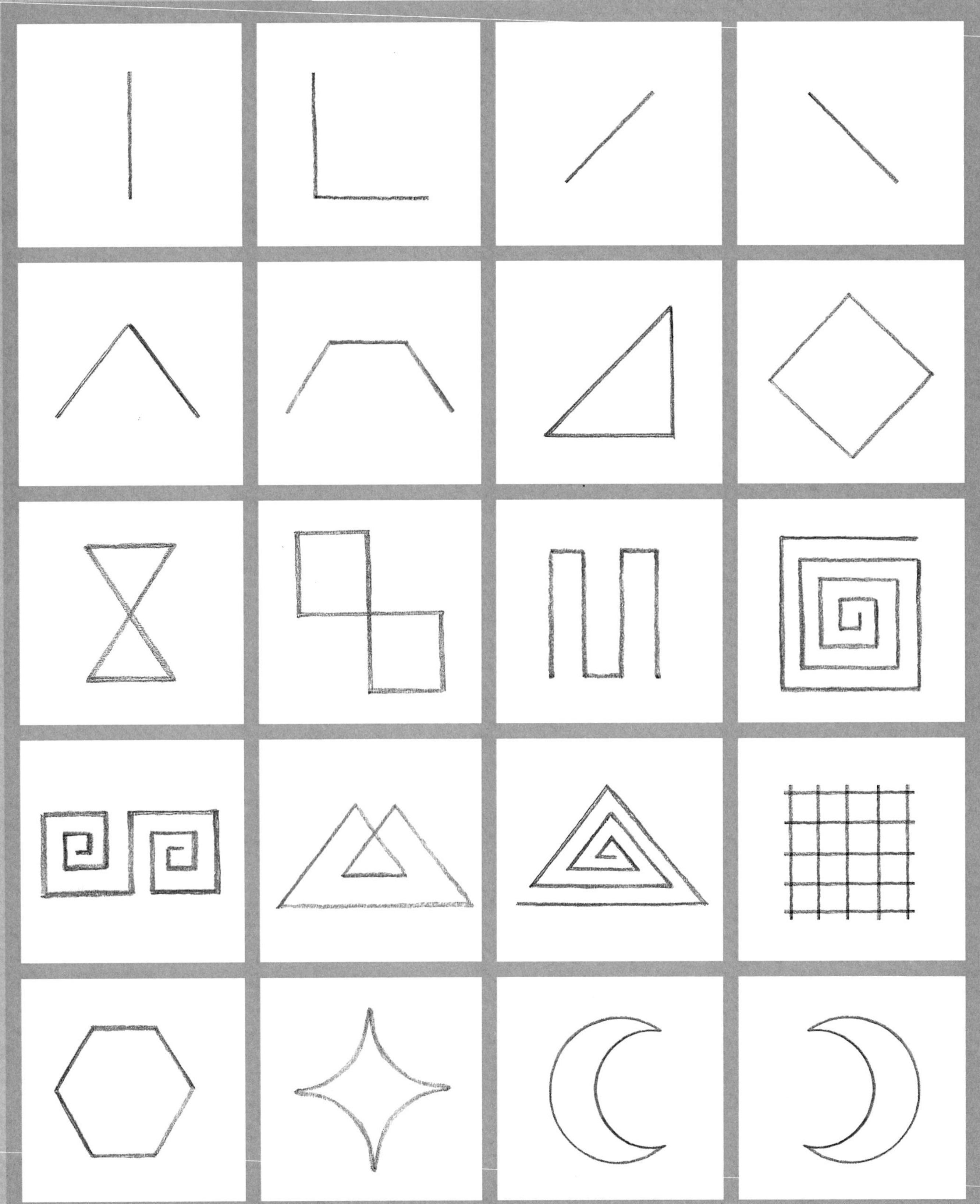

Weitere Zeichen zur Anregung

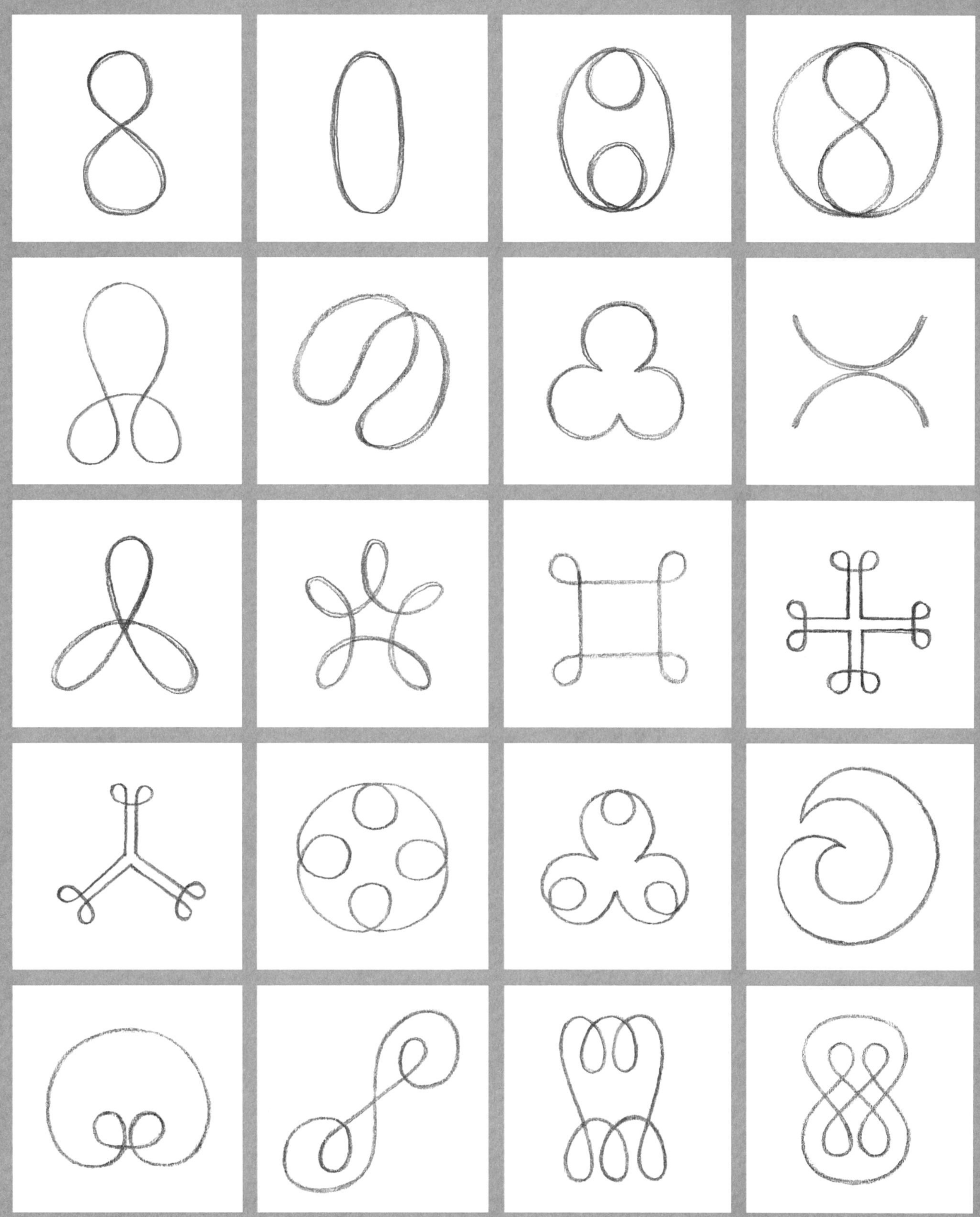

Weitere Reihenbildungen zur Anregung

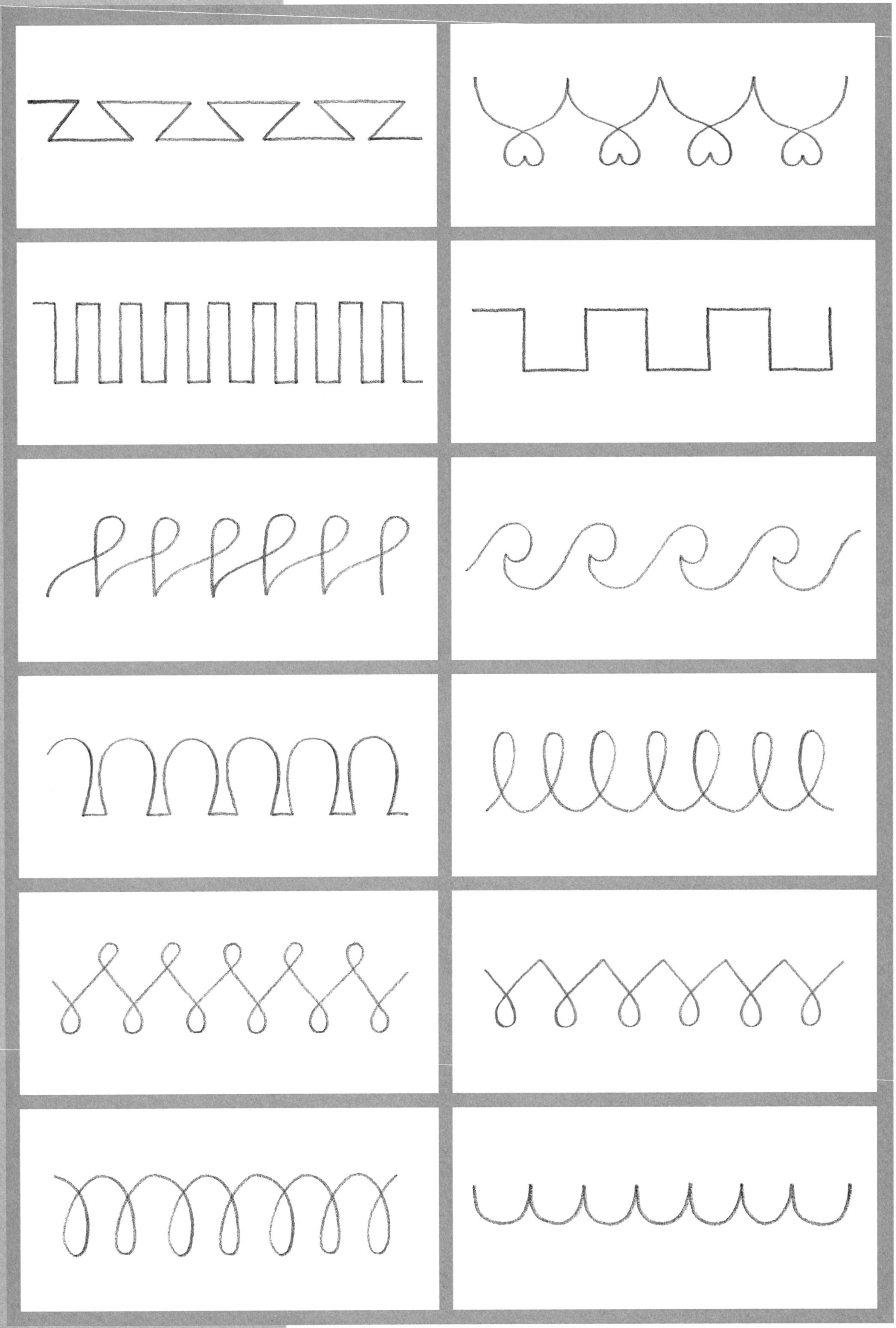

Das Erfinden von Würfelspielen in den Zeichen

4.
Rhythmisches Zeichnen spielerisch fortsetzen

Werden die Zeichen auf ein großes Blatt gemalt, können sie später mit etwas Fantasie zu Würfelspielen umgewandelt werden.
Dabei bestimmen das Kind und die Lehrerin, der Lehrer gemeinsam die Regeln, die für den Spielverlauf vereinbart werden. Das Kind erfährt sich also als gleichwertig mit der Lehrperson, kann die spätere Spielsituation mitbestimmen. Es muss sich dazu klar ausdrücken und seine Vorstellungen genau formulieren. Eventuell werden die Regeln aufgeschrieben.
Und dann wird gewürfelt. Eine klare, fast rituelle Handlung: würfeln, ziehen, fahren …
Es entsteht ein Hin und Her, das zwischen den Spielern schwingt, ein geordnetes Miteinander und Gegeneinander gleichzeitig.
Der Würfel und die selbst erstellten Regeln werden zu außenstehenden Autoritäten, die Ruhe und Kontinuität ermöglichen. Immer mehr kommt auch die Spannung dazu: Bringen mir meine selbst gewählten Regeln Glück?
Im Würfelspiel werden Aufmerksamkeit, Konzentration und Disziplin geschult; für Schulanfänger bedeutet es eine willkommene Übung zum Zählen.

Taucherspiel

Beispiel: Taucherspiel (siehe Seite 102)

Nach dem Üben der Girlanden erinnert uns das Blatt an Wasser. Das ist jetzt das Meer. Ein Schiff dazu, ein Goldschatz in der Tiefe, gefährliche Tiere, aber auch Muscheln mit Perlen … Nun können wir um die Wette tauchen!

Doch halt, die Regel!

- Der Hai ist gefährlich: dreimal warten.
- Die Muschel mit Perle bringt Glück: fünf Felder vor.
- Was soll bei der Seeschlange geschehen? …

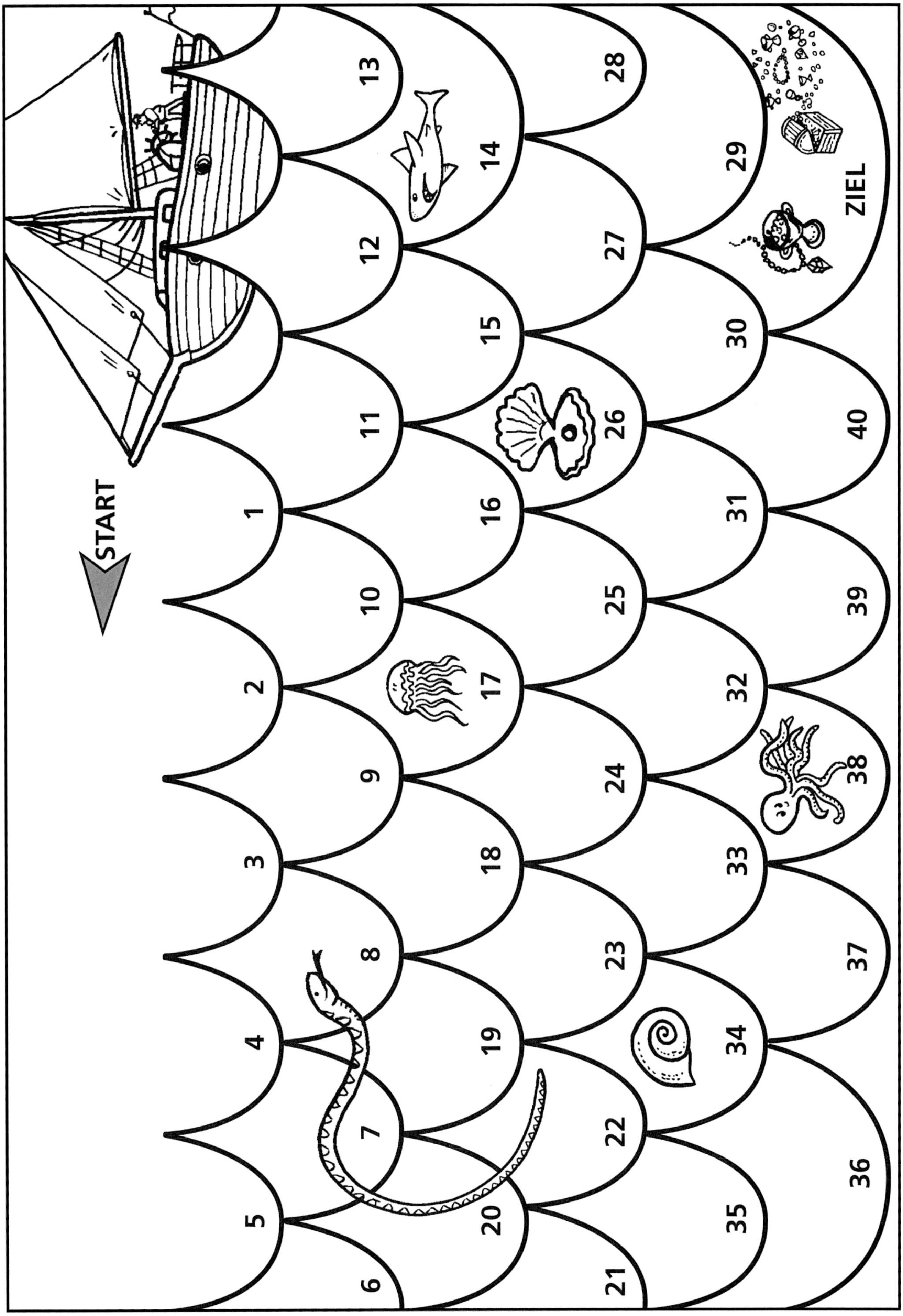

Taucherspiel

Die Regeln für die Spielfelder mit Symbolen können von der Spielergruppe gemeinsam festgelegt werden (Beispiele siehe Seite 101).

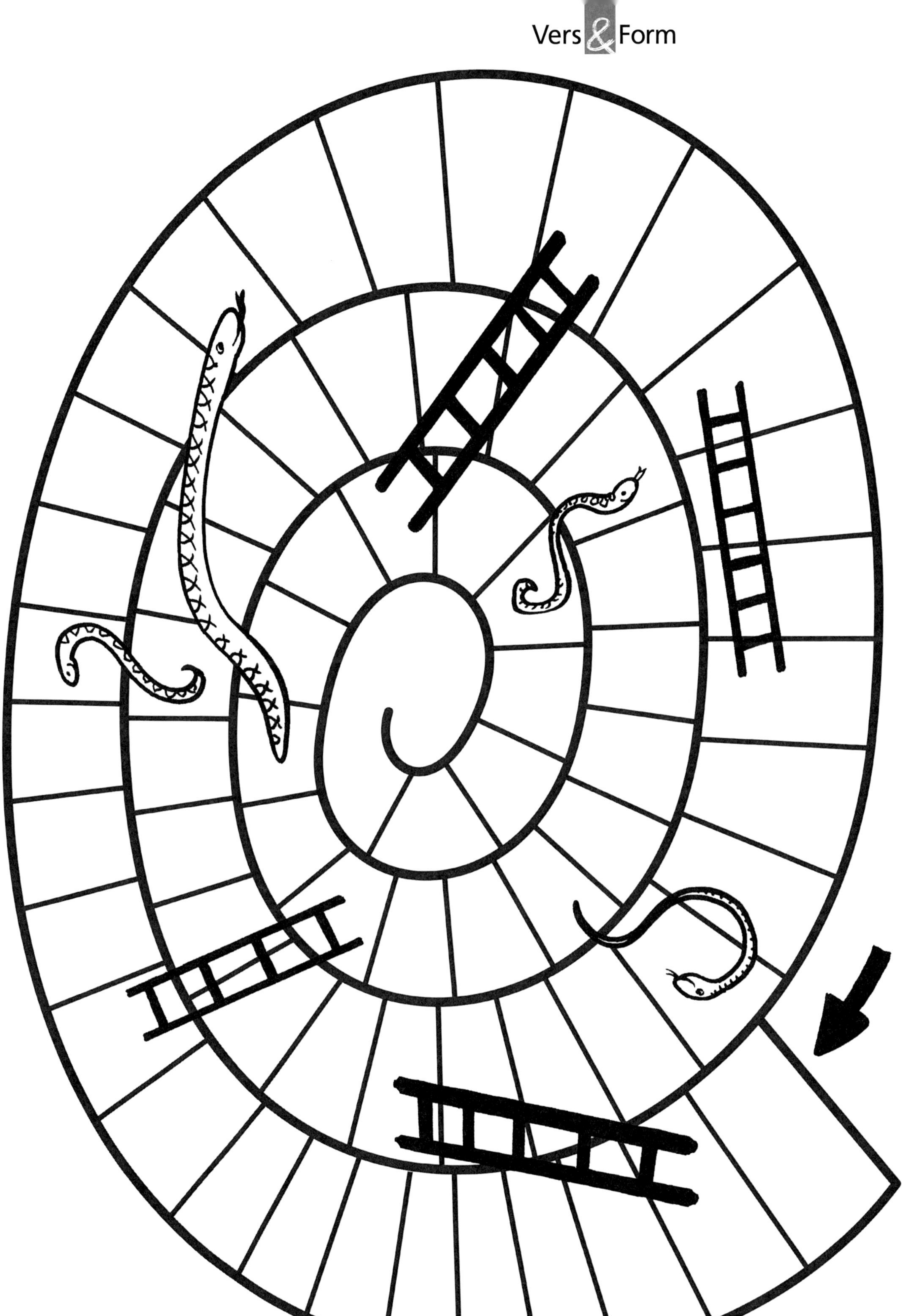

Leiterspiel

Aus der Spirale entsteht das traditionelle Spiel mit Schlangen und Leitern.

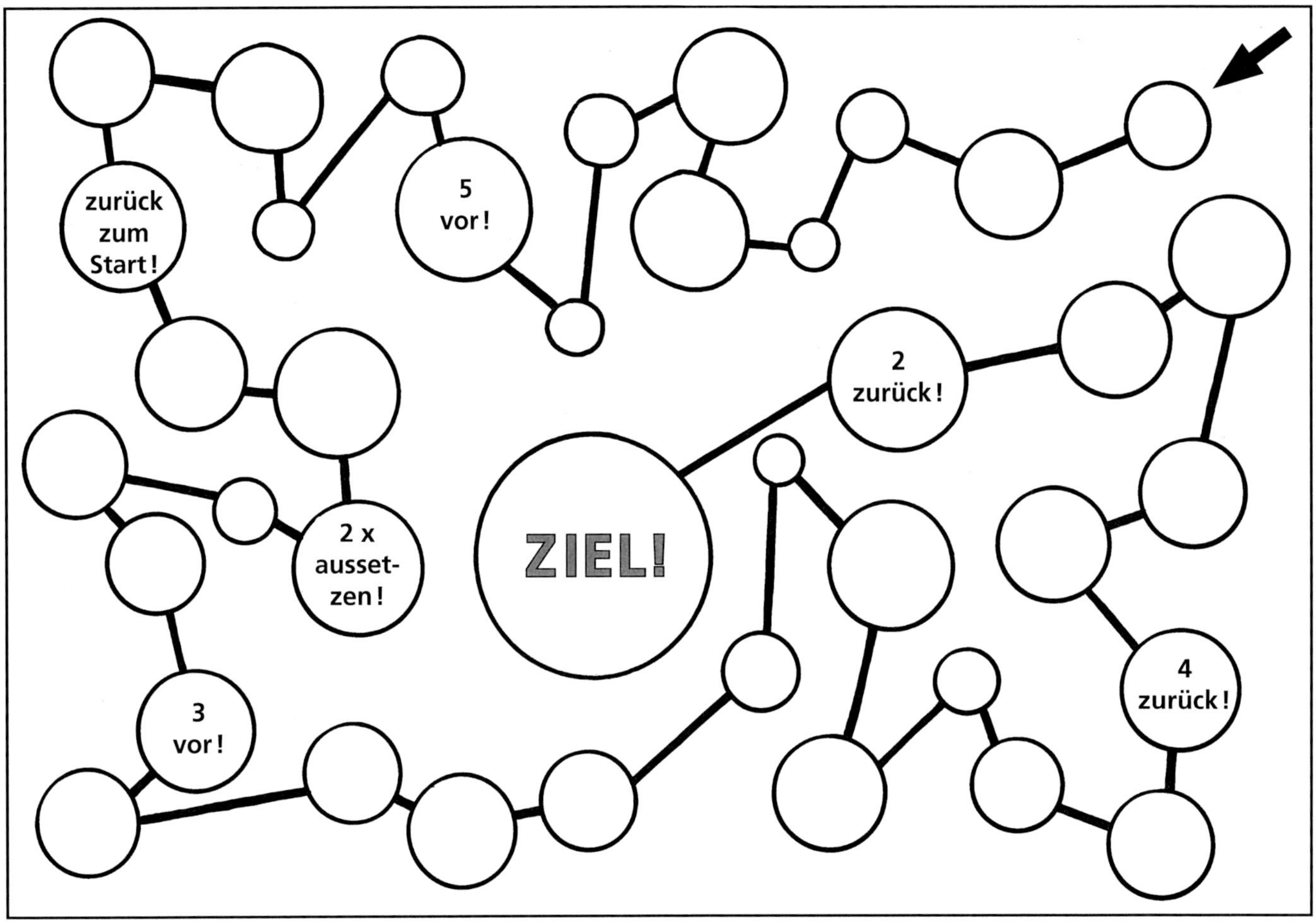

zurück zum Start!
5 vor!
2 zurück!
2 x aussetzen!
ZIEL!
3 vor!
4 zurück!

Kreisspiel

Auch aus einer Kreisübung entsteht ein unterhaltsames Spiel. Das Verbinden der Kreise (ohne einen auszulassen) stellt eine zusätzliche, recht anspruchsvolle Tätigkeit für das Kind dar.

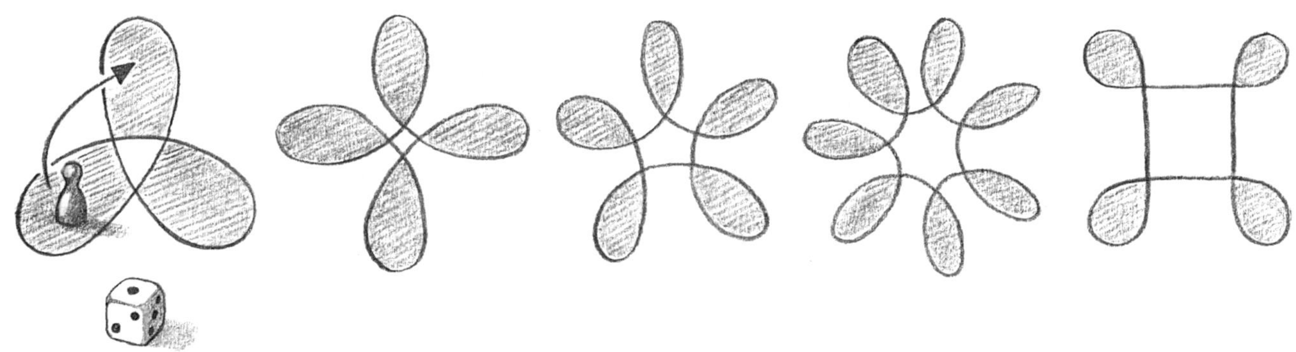

Weitere Würfelspiele

Einfache Würfelspiele lassen sich auch gut mit obigen Zeichen machen.

Jede Spielerin, jeder Spieler hat eine Spielfigur. Nach dem Würfeln fährt man im Zeichen rundherum, wobei vorher die Richtung vereinbart wurde. (Ab 5 Feldern können eventuell beide Richtungen eingeschlagen werden, um je nach Spielsituation Vorteile daraus zu ziehen.)

Wer nun in ein Feld kommt, wo schon ein Spielpartner steht, bekommt eine Spielmarke. Wer hat am Schluss die meisten Spielmarken? Bei mehreren Mitspielern eignen sich vor allem Zeichen mit über 5 Bögen.